VIELSEITIG UND LECKER

Käse-Küche

KARL MÜLLER VERLAG

In gleicher Ausstattung sind bisher erschienen:

Aufläufe • Aufläufe & Gratins • Asien-Küche • Backen für jede Gelegenheit • Besser Backen mit vollwertigen Rezepten • Cocktails • Desserts • Die besten Rezepte mit Hackfleisch • Eintöpfe • Feste feiern • Fisch-Küche • Geflügel-Küche • Gemüse zu jeder Jahreszeit • Gesund · Schlank Fit • Kalte Gerichte • Kartoffel-Küche • Käse-Küche • Nudel-Küche • Reis-Küche • Salate für jede Gelegenheit • Suppen-Küche • Trennkost • Vegetarische Küche • Vollwertküche • Weihnachtsbacken

Die Rezepte in diesem Buch wurden mit aller Sorgfalt zusammengestellt. Eine Garantie kann jedoch nicht übernommen werden. Der Verlag schließt eine Haftung für etwaige Personen-, Sach- und Vermögensschäden aus.

Konzeption: Susanne Kattenbeck
Reproarbeiten: Hetzner GmbH, Nürnberg

Titelbild: Union Deutsche Lebensmittelwerke, Hamburg, Milkana

4 5 01 00 99 98 97

Inhalt

Vorwort

Es gibt Hunderte von Käsesorten, wobei jede einzigartig im Geschmack ist. Kein Wunder also, dass Käse immer beliebter wird.
Aufgrund der unterschiedlichen Konsistenz der verschiedenen Käsesorten wie z. B. Weichkäse, Hartkäse oder Frischkäse, lassen sich die feinsten Speisen zubereiten.
Käse macht Salate würzig, Suppen cremig, er verfeinert Vorspeisen, rundet Hauptgerichte mit Fisch, Fleisch und Gemüse perfekt ab und ist unübertroffen für Nudelgerichte, Aufläufe, Gratins, Baguettes und Toasts.
Daneben lassen sich mit Käse knuspriges Gebäck und leckere Desserts – pikant oder süß – zaubern.
In diesem Buch finden Sie nicht nur viele köstliche Rezepte, sondern auch eine ausführliche Einleitung mit Wissenswertem aus der Welt des Käses. Sie erfahren das Wichtigste über die Herstellung von Käse und den richtigen Umgang mit den verschiedenen Käsesorten. Die ausführliche Warenkunde liefert Ihnen interessante Informationen zu den Käsesorten, die am häufigsten verwendet werden.
Der umfassende Rezeptteil zeigt die Vielseitigkeit dieses Lebensmittels. Knackige Salate, cremige Suppen, Snacks, Gemüse, Überbackenes, Fisch oder Fleisch, Nudelgerichte, Gebäck sowie Desserts und Süßspeisen – ohne Käse, der jeder Speise ein individuelles Aroma verleiht, wären diese Gerichte nur halb so gut.

Nun bleibt uns nur noch, Ihnen viel Vergnügen beim Kochen und einen guten Appetit zu wünschen.

Zu unserem Buch:
Alle Rezepte sind – wenn nicht anders angegeben – für 4 Personen berechnet.

Abkürzungen:
EL = Esslöffel
g = Gramm
Gew.-Kl. = Gewichtsklasse
i. d. Tr. = in der Trockenmasse
kg = Kilogramm
l = Liter
ml = $^{1}/_{1000}$ l (1 g)
Msp. = Messerspitze
1 Tasse = $^{1}/_{8}$ l (etwa eine normale Teetasse)
TL = Teelöffel

Einführung

Die Kunst der Käsezubereitung ist schon seit Urzeiten bekannt. Bereits im 4. Jahrhundert vor unserer Zeitrechnung schrieb der große Gelehrte Aristoteles ein Fachbuch über Milchverarbeitung und geschichtliche Zeugnisse belegen, dass in Kleinasien, dem biblischen Palästina, Ägypten, Griechenland und dem Mittelmeerraum die Käserei schon weit verbreitet war, noch bevor sie von den Römern gepflegt und weiterentwickelt wurde.

Wie wird Käse gemacht?
Zunächst muss der feste und fettige Teil der Milch vom flüssigen, wässrigen Anteil getrennt werden. Der fette Teil der Milch ist der Rahm, der feste Teil ist das Eiweiß. Es ist in der Milch fein verteilt und muss zum Gerinnen gebracht werden, wodurch die Milch dick wird. Vor dem Dicklegen wird die Milch auf ihre einwandfreie Beschaffenheit überprüft. Danach wird der Fettgehalt durch Hinzufügen oder Abtrennen von Rahm eingestellt, bevor die Milch pasteurisiert wird. Um die Milch zum Stocken zu bringen gibt es verschiedene Verfahren: das Säuern durch Milchsäurebakterien und die Einwirkung von Labenzymen oder eine Kombination aus beiden.

Sauermilchkäse
Spezielle Milchsäurebakterien lassen die Milch stocken. So entsteht Sauermilchquark, der sich von der flüssigen Molke absetzt. Der Quark wird gesalzen, geschnitten und in Form gedrückt. So bekommt er die typische Käseform. Nach der Vorreifung (2–3 Tage bei 20–25 °C), wenn sich eine Haut gebildet hat, werden die Käse mit Reifungskulturen besprüht und abgebürstet (Abb. oben) Dann muss er noch ca. 3 Tage bei 12–16 °C ruhen.

Sauermilchkäse: Aufbringen der Reifungskulturen

Labkäse
Für Labkäse gerinnt die Milch durch den Zusatz von Labenzymen. Es entsteht die so

Labkäse: Abfüllen in Formen

Labkäse – Bergkäse: Zerteilen des Bruchs vor dem Pressen

genannte Dickete, die, sobald sie fest genug ist, mit der Käseharfe geschnitten wird. Dabei entsteht Käsebruch und die flüssige Molke setzt sich ab. Für Hart- und Schnittkäse wird der Bruch noch einmal auf 35–56 °C erhitzt, so fließt noch mehr Molke heraus und die Käsesorten werden fester. Nun müssen die Käse noch in sortentypische Formen gebracht werden. Nach dem Formen werden die festeren Sorten noch gepresst und gewendet.
Als nächstes bekommt der Käse seine Würze

Labkäse: Käseprobe mit dem Käsebohrer

durch ein Salzbad. Dadurch wird noch einmal Molke entzogen und die Ausbildung einer Rinde gefördert. Während der Reifung bekommt der Käse seinen speziellen Charakter. Aus dem körnigen Bruch wird glatter Käseteig und die typischen Aroma- und Geschmacksstoffe entstehen.

Wie kommen die Löcher in den Käse?
Durch die Tätigkeit spezieller Reifungskulturen entsteht Kohlensäuregas, ähnlich wie im Hefeteig. Da das Gas nicht entweichen kann, bilden sich Hohlräume, in denen sich das Gas sammelt – die Löcher im Käse.

Die wichtigsten Einteilungskriterien für Käse
Wie viele Käsesorten es auf der Welt gibt, weiß niemand genau. Allein in Deutschland sind es einige hundert. Zur Orientierung in diesem breiten Angebot sind der Trockenmassegehalt und der Fettgehalt in der Trockenmasse als die wichtigsten Einteilungskriterien bekannt, nach denen auch das Lebensmittelrecht die Standardsorten einteilt. Alle Käsebestandteile außer dem Wasser bilden die Trockenmasse. Sie besteht aus Eiweiß, Fett, Kohlenhydraten, Vitaminen und Mineralstoffen. Der Trockenmasseanteil legt fest, ob es sich um

- Hartkäse
- Schnittkäse
- halbfesten Schnittkäse
- Weichkäse oder
- Frischkäse handelt.

Alle Käse werden außerdem nach ihrem Fettgehalt in Gruppen eingeteilt:

- Magerstufe: weniger als 10 % Fett i. Tr.

- Viertelfettstufe: mindestens 10 % Fett i. Tr.
- Halbfettstufe: mindestens 20 % Fett i. Tr.
- Dreiviertelfettstufe: mind. 30 % Fett i. Tr.
- Fettstufe: mindestens 40 % Fett i. Tr.
- Vollfettstufe: mindestens 45 % Fett i. Tr.
- Rahmstufe: mindestens 50 % Fett i. Tr.
- Doppelrahmstufe: mindestens 60 %, höchstens 85 % Fett i. Tr.

Die wichtigsten Käsesorten

Frischkäse

Alle Frischkäse zeichnet ein mildes Käsearoma aus. Am weitverbreitetsten ist Quark, der in allen Fettstufen hergestellt wird. Rahm- oder Doppelrahmfrischkäse zeigen ihre Fettstufe bereits im Namen an. Auch sie entstehen aus Quark und Rahm, haben jedoch eine etwas festere, streichfähige Konsistenz. Ihr Teig ist milchweiß bis schwachgelb, und sie schmecken leicht feinsäuerlich. Daneben gibt es noch körnigen Frischkäse und Schichtkäse, der ebenfalls aus Quark hergestellt wird. Er wird besonders für Käsekuchen verwendet.

Sauermilchkäse

Sie reifen aus Sauermilchquark der Magerstufe, sind also eiweißreich und fettarm. Zu ihnen gehören Harzer Käse, Olmützer Quargel, Mainzer Käse. Sie haben eine glatte, goldgelbe bis rötlichbraune Oberfläche. Die Käse schmecken mild-pikant bis pikant. Handkäse, Bauernhandkäse und Korbkäse unterscheiden sich im wesentlichen nur durch ihre Form und Größe, zum Teil werden sie auch mit weißem Edelschimmel angeboten. Kochkäse ist ein Schmelzkäse aus gereiftem Quark.

Emmentaler, Bergkäse, Camembert, Brie

Labkäse

Die Familie der Labkäse umfasst Hartkäse, Schnittkäse sowie halbfeste Schnittkäse und Weichkäse.

Hartkäse

Allgäuer Emmentaler erkennt man an den kirschgroßen Löchern. Er schmeckt mildaromatisch und nusskernartig. Er wird aus Rohmilch hergestellt. Allgäuer Bergkäse ist ebenfalls aus Rohmilch. Chester unterscheidet sich etwas in der Herstellung von anderen Käsesorten. Der Bruch wird gemahlen, gesalzen und dann erst geformt. Sein Teig ist meist hellgelb bis orangefarben mit wenigen schlitzförmigen Löchern.

Schimmelpilz- und Rotschmierkäse

Reife Hartkäse eignen sich gut als herzhafter Brotbelag, für Salate, zum Überbacken, und für Fondues.

Schnittkäse
Schnittkäse werden meist in den Fettstufen Dreiviertelfett- bis Rahmstufe angeboten. Zu ihnen gehört Gouda. Er schmeckt mild bis leicht pikant. Bei fortschreitender Reife nimmt die pikante Geschmacksnote zu. Junger Gouda schmilzt gut und eignet sich gut zum Überbacken. Edamer ist geschmeidiger und etwas weicher als Gouda. Zu den Schnittkäsen gehören auch Tilsiter, Wilstermarschkäse, Trappistenkäse und Steppenkäse.

Halbfeste Schnittkäse
Sie ähneln in der Konsistenz den Weichkäsen, reifen jedoch gleichmäßig durch den ganzen Teig. Sie werden meist von der Dreiviertelfettstufe bis zur Doppelrahmstufe hergestellt. Zu ihnen gehören Weißlacker, Steinbuscher und Butterkäse, der wegen seines milden Geschmacks als Frühstückskäse besonders beliebt ist. Zu den Besonderheiten zählen die Edelpilzkäse oder Blauschimmelkäse.

Weichkäse
Sie reifen wie Sauermilchkäse von außen nach innen. Sie erreichen ihr Geschmacks- und Reifeoptimum recht schnell und sollten bald genossen werden. Zu ihnen gehören Camembert, Brie, Weiß-Blau-Käse und die pikanten Romadur, Limburger, Münsterkäse und Weinkäse. Weichkäse mit Oberflächenschmiere duften meist intensiv und sind unter einer Käseglocke gut aufgehoben. Die rötlich-gelbe Schmiere kann mitverzehrt werden. Weichkäse ist ideal für die Käseküche, für Saucen, Aufläufe, zum Überbacken und Füllen, für Salate oder ganz einfach pur.

Schmelzkäse
Für Schmelzkäse werden Hart- und Schnittkäse entrindet, zerkleinert und erhitzt. Weitere Zutaten können Milch, Rahm, Butter, Gewürze und Schmelzsalze sein. Schmelzsalze sorgen dafür, dass sich die Käsebestandteile gut verbinden und dauerhaft vermischt bleiben. Es gibt Schmelzkäse in Scheiben, in Ecken, in Würfeln, in Wurst- oder Tortenform und in vielen Geschmacksrichtungen. Wenn mindestens 75 % von ei-

Schmelzkäse-Sortiment

ner Käsesorte stammen, darf der Schmelzkäse nach ihr benannt werden, wie zum Beispiel Chester-Schmelzkäse. Häufig werden andere Lebensmittel wie Pilze, Schinken oder Kräuter den Schmelzkäsesorten zugegeben. Sie sind dann unter der Bezeichnung Schmelzkäsezubereitung im Handel.

Was steckt im Käse?

Käse enthält alle wertvollen Nährstoffe der Milch in konzentrierter Form. Eiweiß, Wasser und Mineralstoffe liefern die Baustoffe für die Körpersubstanz. Kohlenhydrate und Fette sind Betriebsstoffe. Aus ihnen gewinnt der Organismus Energie und Körperwärme. Vitamine und Mineralstoffe steuern und regeln die Körperfunktionen.

Die wichtigsten Mineralstoffe im Käse sind Calcium, Phosphor und Magnesium, an Vitaminen liefert er vor allem Vitamin A, B2, B12 und Pantothensäure. Käse ist also ein natürliches und hochwertiges Nahrungsmittel, durch das andere Nahrungsmittel, wie z. B. Brot und Gemüse, aufgewertet werden. Eine kleine Zwischenmahlzeit aus Käse und Nüssen ist ein hervorragender Eiweißlieferant.

Romadur

Brie

Käse richtig einkaufen und lagern

Die Kennzeichnung ist eine wichtige Orientierungshilfe beim Einkaufen. Gesetzlich ist geregelt, was auf der Packung oder auf dem Schild in der Käsetheke stehen muss:

- Käsesorte
- Angaben zum Fettgehalt (entweder Fettgehalt in % der Trockenmasse oder die Angabe der Fettstufe)
- Gewicht
- Zutatenliste
- Name und Anschrift des Herstellers oder Verpackers (bei fertig verpacktem Käse)
- Mindesthaltbarkeitsdatum.

Am besten kauft man Käse am Stück und kleine Käseecken. So schmeckt er am besten, denn er hält sich besser frisch, trocknet nicht so leicht aus und jeder kann sich nach Belieben seine Portion abschneiden.
Zu Hause bewahrt man Käse am besten im Gemüse- oder Käsefach des Kühlschranks auf. Entweder in atmungsaktive Folien verpackt oder idealerweise unter der Käseglocke. Etwa eine Stunde vor dem Servieren den Käse aus dem Kühlschrank nehmen, denn erst bei Zimmertemperatur entwickelt Käse sein volles Aroma.
Ein frisches Stück Allgäuer Emmentaler behält in Folie gewickelt oder unter der Käseglocke bei 10–12 °C etwa 2 Wochen

Weichkäse mit Blauschimmel

Allgäuer Emmentaler

sein Aroma. Auch Gouda, Edamer und andere Schnittkäse bleiben bei Temperaturen von 10–12 °C einige Tage frisch. Butterkäse und andere milde Sorten sollten getrennt von stark duftenden Käsen lagern.

Was trinkt man zum Käse?

Das klassische Getränk zu Käse ist natürlich Wein. Weißweine passen vor allem gut zu milden Käsesorten, zum Beispiel zu mildem Schnittkäse und Frischkäse. Rotweine sind ideale Begleiter von würzigen Käsesorten, wie Allgäuer Emmentaler oder Edelpilzkäse. Kraftvolle Rotweine sind ideale Partner für Käse mit herzhaftem Aroma. Gut ausgereifte Käsesorten harmonieren mit körperreichen Weinen. Je kräftiger der Käse, desto vollmundiger sollte der Wein sein. Zu Blauschimmelkäse passt auch gut eine Spät- oder Beerenauslese.

Scharf-pikante Käsesorten wie Harzer oder Bergkäse vertragen sich ausgezeichnet mit Bier.

Deutscher Tilsiter

Außer Wein und Bier passen auch Säfte, Mineralwasser, Tee, Kaffee und natürlich auch Milch zum Käse.

Abb. S. 17
Landana „Rot-Grün“-Salat
(Rezept S. 18)

Salate –
Vitamine pur

Paprikaschnecken auf Schafskäsesalat ▷

3 Eier
100 ml Milch
Salz
4 EL Pflanzenöl
1 EL gemischte gehackte Kräuter
1 EL geröstete Pinienkerne
100 g Brotaufstrich „Paprika"
50 g Rauke
1 kleiner Kopfsalat
1/2 Eichblattsalat
200 g Schafskäse
2 EL Balsamessig
1 EL Senf, mittelscharf
1 Knoblauchzehe, zerdrückt
Pfeffer
50 g schwarze Oliven

Eier mit Milch und Salz verquirlen. Nun nacheinander in wenig Öl 2 Omelettes backen. Kräuter, Pinienkerne und Brotaufstrich verrühren, vorsichtig auf die Omelettes streichen, aufrollen und erkalten lassen. Inzwischen Salat putzen, waschen und in mundgerechte Stücke zupfen. Schafskäse in kleine Würfel schneiden. Für das Dressing Essig, restliches Öl, Senf und Knoblauch verrühren und mit Salz und Pfeffer abschmecken. Salatzutaten mit dem Dressing und den Oliven mischen. Omelettes in ca. 1 cm dicke Scheiben schneiden. Die Paprikaschnecken mit dem Salat auf Tellern anrichten und servieren.

Landana „Rot-Grün"-Salat *(Abb. S. 17)*

2–3 Stiele Thymian
150 g rote Linsen
1/4 l Gemüsebrühe (instant)
200 g Feldsalat
200 g Landana-Käse in 1/2 cm dicken Scheiben
2 Grapefruits
1 rote Zwiebel
50 ml Orangensaft
3 EL Mandelöl
1 EL körniger Senf
Salz
bunter Pfeffer, grob geschrotet

Den Thymian waschen. Die Linsen mit einem Stiel Thymian in der Gemüsebrühe aufkochen, in 5 Minuten bei milder Hitze bissfest köcheln. Die Linsen auf einem Sieb abtropfen lassen, den Thymian entfernen. Von dem restlichen Thymian die Blättchen abzupfen und grob hacken. Den Feldsalat waschen und verlesen. Aus dem Käse Stifte oder beliebige Formen schneiden. Die Grapefruits mit einem Messer einschließlich der weißen Haut schälen, die Filets aus den Trennhäutchen lösen. Den austretenden Saft auffangen. Die Zwiebel schälen und in dünne Ringe schneiden. Für das Dressing den aufgefangenen Grapefruitsaft mit dem Orangensaft, dem Öl und dem Senf verrühren. Mit dem Thymian, Salz und Pfeffer würzen. Alle Salatzutaten vermischen und auf Tellern anrichten. Mit Salatdressing beträufeln.

Feiner Salat mit zartem Blauschimmel ▷

500 g Hähnchenbrustfilet
Salz
weißer Pfeffer
2 EL Pflanzenfett
100 g Ruccola Salat
2 Chicorée
200 g Kirschtomaten
2 kleine Avocados
1 Stück Blauschimmelkäse (ca. 200 g)
3 EL Himbeeressig
6 EL Olivenöl
1 Prise Zucker

Hähnchenbrustfilets waschen, trockentupfen, salzen und pfeffern. Fett in einer Pfanne erhitzen, die Filets darin von jeder Seite ca. 4 Minuten knusprig braun braten und lauwarm abtropfen lassen. Von den Chicorée die einzelnen Blätter lösen, ebenfalls waschen und abtropfen lassen. Kirschtomaten waschen und je nach Größe halbieren oder vierteln. Avocados schälen, halbieren, den Stein herausnehmen und das Fruchtfleisch in Spalten schneiden. Den Käse in kleine Würfel schneiden. Die Hähnchenbrustfilets in Scheiben schneiden und mit den restlichen Salatzutaten auf Tellern anrichten. Aus Himbeeressig, Olivenöl und einer Prise Zucker eine Vinaigrette rühren, darüber verteilen und servieren.

Mango-Kiwi-Salat

1 Mango
3 Kiwis
200 g Edelpilzkäse
1 Lollo rosso
2 EL Zitronensaft
Salz
Pfeffer aus der Mühle
Zucker
4 EL Öl
Zitronenmelisse zum Garnieren

Die Mango schälen und das Fruchtfleisch in Spalten vom Stein abschneiden. Die Spalten in mundgerechte Stücke schneiden. Die Kiwi schälen, längs halbieren und in Scheiben schneiden. Den Salat waschen, trockenschleudern und in mundgerechte Stücke zupfen. Den Zitronensaft mit Salz, Pfeffer und Zucker verrühren und das Öl unterschlagen. Die Salatzutaten mit der Sauce mischen und den Mango-Kiwi-Salat mit Zitronenmelisse garniert servieren.

Französischer Hähnchensalat mit Valbrie ▷

400 g Hähnchenbrustfilet
1 TL Honig
1 EL Speiseöl
2 EL Zitronensaft
2 EL Apfeldicksaft
Salz
Pfeffer
1 kleine Zwiebel
1 Bund Dill
1 Bund Petersilie
6 EL Walnussöl
3 EL Balsamessig
2 Knoblauchzehen
1 Prise Zucker
1 Eichblattsalat
1 Lollo rosso
1 kleine Dose Pfifferlinge (115 g Abtropfgewicht)
200 g Valbrie
2 TL Sesam

Hähnchenbrustfilet waschen, mit Honig einstreichen und bei geringer Hitzezufuhr in Speiseöl 10–14 Minuten braten. Zitronensaft mit Apfeldicksaft, Salz und Pfeffer verrühren. Fleisch in Scheiben schneiden und in der Sauce marinieren. Zwiebel, Dill und Petersilie zerkleinern. Aus Walnussöl, Balsamessig, gewürfelter Zwiebel, zerdrückten Knoblauchzehen, Kräutern, Salz, Pfeffer und Zucker eine Salatsauce rühren. Eichblattsalat und Lollo rosso waschen, putzen und schneiden. Pfifferlinge abtropfen lassen. Brie in Scheiben schneiden. Eichblattsalat, Lollo rosso und Pfifferlinge mit der Salatsauce verrühren und auf vier Teller verteilen. Mariniertes Hähnchenbrustfilet und Brie darauf anrichten und mit Sesam bestreuen.

Sprossen-Käse-Salat

150 g Gerstensprossen
2 Williamsbirnen
Saft von 1/2 Zitrone
1/2 Kopf Frisée- oder Eichblattsalat
3 EL Sonnenblumen- oder Keimöl
Salz
Pfeffer aus der Mühle
300 g reifer Camembert

Die abgetropften Sprossen in einer beschichteten Pfanne ohne Fett rösten, bis fast kein Wasserdampf mehr aufsteigt. Geröstete Sprossen auf einen Teller schütten und auskühlen lassen. Die Birnen waschen, achteln und das Kerngehäuse herausschneiden. Sofort mit etwas Zitronensaft beträufeln. Frisée- oder Eichblattsalat putzen, waschen und trockenschleudern. Aus dem restlichen Zitronensaft, Öl, Salz und Pfeffer eine Salatsauce rühren und den Salat darin wenden. Die Salatblätter auf 4 Teller verteilen und mit Birnenachteln und Camembertscheiben anrichten. Die Sprossen darüberstreuen.

TRADITION
VERITABLE BRIE FRANÇAIS
BRIE
60
200 g
7oz
BRIE

Fleischsalat mit Meerrettich-Dressing ▷

400 g kalter Braten
1 Zwiebel
1 rote Paprikaschote
1/2 Gurke
1 Kohlrabi
1 Apfel
je 1 Bund Petersilie und Schnittlauch
150 g Frischkäse Meerrettich
Saft einer 1/2 Orange
Pfeffer
2 EL Essig
Salz

Fleisch würfeln, Zwiebel schälen und in Ringe schneiden. Paprikaschote waschen und zerkleinern. Gurke, Kohlrabi und Apfel schälen. Gurke in Scheiben und Kohlrabi in Stifte schneiden. Apfel grob raspeln. Kräuter waschen und zerkleinern. Frischkäse Meerrettich mit Orangensaft glatt rühren und mit Pfeffer, Essig und Salz abschmecken. Bratenfleisch mit den zerkleinerten Zwiebeln, Paprika, Gurken, Kohlrabi, Apfel, Kräutern und Frischkäse-Meerrettich-Dressing mischen.

Sommersalat mit Beeren und Käsewürfeln

250 g Kopfsalat (oder andere Blattsalate)
250 g gemischte Beeren (z. B. Himbeeren, Blaubeeren, Brombeeren)
je 1/2 Bund Schnittlauch, Petersilie, Gartenkresse
200 g Schwäbischer Raclette
200 g roter Rhabarber
50 g Zucker
1 Becher Sahnejogurt
Salz
Pfeffer

Salat, Beeren und Kräuter putzen, waschen, gut abtropfen lassen. Salatblätter in mundgerechte Stücke zupfen, Kräuter hacken. Den Schwäbischen Raclette in kleine Würfel schneiden. Rhabarber waschen und abziehen. Die Hälfte des Rhabarbers in sehr feine Würfel schneiden und zur Seite stellen. Den übrigen Rhabarber klein schneiden und mit dem Zucker in 100 ml Wasser etwa 10 Minuten dünsten. Mit dem Pürierstab pürieren, die Rhabarberwürfelchen zugeben und mit dem Mus einmal kurz aufkochen.
Salatblätter, Beeren, Käsewürfel und Kräuter auf vier Portionstellern anrichten. Jogurt mit dem abgekühlten Rhabarberpüree verrühren, mit Salz und Pfeffer abschmecken und über den Salat geben.
Dazu passt knuspriges Stangenweißbrot.

Fruchtiger Reissalat mit Brennnessel-Käse ▷

150 g Wildreis
Salz
200 g Brennnessel-Käse
250 g kernlose grüne Trauben
40 g Kürbiskerne
1 kleiner Radicchio
1 dicker Bund gemischte Kräuter (Petersilie, Schnittlauch, Estragon, Kerbel)
1–2 EL Kürbiskernöl
50 ml süße Sahne
3–4 EL milder Weinessig
Pfeffer

Den Wildreis in 300 ml Salzwasser aufkochen, bei milder Hitze ca. 45 Minuten ausquellen lassen. Abschrecken, auf einem Sieb kalt werden lassen. Den Käse in kleine Stifte schneiden. Die Trauben waschen, von den Stielchen zupfen. Größere Beeren halbieren. Die Kürbiskerne grob hacken und in einer Pfanne ohne Fett kurz rösten. Zum Abkühlen zur Seite stellen. Von dem Radicchio die Blätter lösen, waschen und trockenschütteln. Die Kräuter waschen, trockenschütteln, dicke Stiele entfernen und die Kräuter fein hacken. Schnittlauch in feine Röllchen schneiden. Für die Salatsauce die gehackten Kräuter, das Kürbiskernöl, die Sahne und den Essig in einem Schüttelbecher gut vermischen. Mit Salz und Pfeffer abschmecken und die Kürbiskerne unterheben. Alle Salatzutaten außer dem Radicchio mit der Sauce vermischen und etwa 20 Minuten durchziehen lassen. Den Salat auf den Radicchioblättern anrichten.

Sellerie-Käse-Salat mit Pflaumen

200 g Lauch
200 g Staudensellerie
250 g Pflaumen
200 g Wilstermarschkäse

Für die Sauce:
150 g Jogurt
2 EL Schmant
2 EL Aprikosenkonfitüre
1–2 TL Currypulver
etwas Zitronensaft
Salz

Den Lauch putzen, waschen, in etwa 2 cm lange Stücke schneiden. Blanchieren, dann auf ein Sieb geben und abkühlen lassen. Den Sellerie putzen, waschen und in feine Scheiben schneiden. Die Pflaumen waschen, halbieren, entkernen und in schmale Spalten schneiden. Den Käse in kurze Streifen schneiden.

Die Zutaten für die Sauce miteinander verrühren und mit den Salatzutaten vermengen.
Vor dem Servieren etwa 1/2 Stunde durchziehen lassen.

Winzer-Käse-Salat

▷

1 Lollo bianco
1 kleiner Radicchio
1 Chicorée
2 Stangen Staudensellerie
100 g Champignons
300 g rote Weintrauben
1 Bund Dill
1/2 Zwiebel
50 g grob gehackte Walnusskerne
8 EL Öl
3 EL Obstessig
Pfeffer aus der Mühle
Salz
200 g Edamer Käsestiftel

Lollo bianco, Radicchio, Chicorée, Staudensellerie und Champignons waschen und putzen. Am unteren Ende des Chicoréekolbens einen spitzen Keil herausschneiden. Lollo bianco, Radicchio und Chicorée zerkleinern. Champignons in Scheiben und Staudensellerie quer in dünne Streifen schneiden. Weintrauben waschen, halbieren und Kerne entfernen. Dill waschen und fein hacken. Zwiebel schälen und fein würfeln. Kräuter, Zwiebelwürfel, Walnusskerne, Öl, Obstessig, Pfeffer und Salz zu einer Salatsauce verrühren. Salat mit Weintrauben, Käsestiftel und Walnussvinaigrette mischen.

Landana-Mango-Salat

75 g Walnusskerne
250 g Landana Käse im Stück
1 Kopf Lollo bianco oder Frisée-Salat
2 Bund Basilikum
3 TL Dijon-Senf
4 EL Sherry-Essig
Salz
schwarzer Pfeffer
2 EL Öl
2 EL Walnussöl
500 g Mango

Walnüsse in einer trockenen Pfanne anrösten und grob hacken. Landana in Würfel schneiden. Salat waschen, putzen und die Blätter in mundgerechte Stücke zupfen. Basilikum waschen und die Blätter von den Stielen zupfen.
Senf, Essig, Salz und Pfeffer verrühren. Öl und Walnussöl darunter schlagen. Mangos waschen, schälen und in dünnen Spalten vom Stein schneiden. Salat, Käse, Walnüsse, Basilikumblätter und Mangospalten, bis auf einige zum Garnieren, vorsichtig mit der Salatsauce mischen und auf Tellern anrichten. Mit restlichen Mangospalten und Basilikum garnieren.

Käsesalat

▷

1 kleine Melone (Ogen- oder Zuckermelone)
250 g dunkle Weintrauben
1 mittelgroßer Apfel
1 rote Paprikaschote
200 g Emmentaler (40 % F. i. Tr.)
Schnittlauch zur Garnitur

Für die Sauce:
1 Becher saure Sahne
1 EL kaltgepresstes Sonnenblumenöl (Reformhaus)
2 EL Zitronensaft
zerstoßener Koriander
Vollmeersalz (Reformhaus)
1/2 TL Honig

Die Melone halbieren, die Kerne entfernen, mit einem Kugelausstecher Kugeln herauslösen. Die Trauben waschen, halbieren und entkernen. Den Apfel achteln, das Kerngehäuse entfernen und das Fruchtfleisch in dünne Scheiben schneiden. Die Paprika halbieren, entkernen und ebenfalls klein schneiden. Den Käse würfeln oder stifteln.
Für die Sauce die saure Sahne mit Öl, Zitronensaft, dem zerstoßenen Koriander, Salz und Honig verrühren.
Die Salatzutaten auf Tellern verteilen und mit der Sauce übergießen oder extra dazu servieren. Mit Schnittlauch garnieren.

Tomaten-Käse-Salat

Salz
Saft von 1/2 Zitrone
500 g Schalotten
4 Eiertomaten
1/2 Kästchen Kresse
150 g Leerdamer

Für die Marinade:
1 EL Weinessig
3 EL Sonnenblumenöl
2 EL saure Sahne
1/2 TL mittelscharfer Senf
Salz
Pfeffer aus der Mühle
1 Prise Zucker

1 l Wasser mit etwas Salz und Zitronensaft zum Kochen bringen. Die Schalotten 1–2 Minuten darin kochen, abtropfen lassen.
Für die Marinade Essig, Öl und Sahne sämig rühren, Senf zufügen und mit Salz, Pfeffer und einer Prise Zucker abschmecken.
Die Schalotten in eine Schüssel geben, die Marinade darüber gießen und 15 Minuten ziehen lassen.
Die Tomaten überbrühen, häuten und in dünne Scheiben schneiden. Die Kresse abschneiden, in ein Sieb geben und kalt abspülen. Die Käserinde entfernen und den Leerdamer in kleine Würfel schneiden.
Die Tomatenscheiben und den Käse unter den Zwiebelsalat mischen und am Schluss mit Kresse bestreuen.
Dazu Schwarzbrot reichen.

Champignon-Käse-Salat

▷

1 Eisberg- oder Kopfsalat
250 g Champignons
Saft einer Zitrone
2 Tomaten
1 Kästchen Kresse
220 g Schnittkäse

Für die Sauce:
1 Becher Sanoghurt (Reformhaus)
1 EL Senf
Apfelsaftkonzentrat (Reformhaus)
jodiertes Meersalz
schwarzer Pfeffer

Eisberg- oder Kopfsalat zerkleinern, waschen und gut abtropfen lassen. Champignons putzen, in dünne Scheiben schneiden und mit einem Teil des Zitronensafts beträufeln.
Tomaten achteln und Kerne entfernen. Kresse von den Wurzeln schneiden und gut waschen. Schnittkäse sehr grob reiben.
Aus Sanoghurt, dem restlichen Zitronensaft, Senf, Apfelsaftkonzentrat, Meersalz und Pfeffer eine Sauce herstellen und vorsichtig mit den Salatzutaten vermengen. Dazu passt frisch getoastetes Weißbrot.

Käsesalat mit blauen Trauben

1 Apfel
200 g Schnittkäse (40 % F. i. Tr.)
250 g blaue Trauben
2 EL Maiskörner

Für die Sauce:
3–4 EL Traubenkernöl (Reformhaus)
2 EL trockener Weißwein
Meersalz
1 Prise Zucker
schwarzer Pfeffer aus der Mühle

Apfel waschen, vierteln und das Kerngehäuse entfernen. Käse und Apfel in Stifte schneiden. Die Trauben waschen, halbieren und entkernen. Die Saucenzutaten verquirlen, den Salat damit anmachen und mit Maiskörnern bestreut servieren.

Feldsalat mit Feigen und Mozzarella

200 g Feldsalat
250 g frische Feigen
200 g Mozzarella
1/4 l Weißwein, halbtrocken
2–3 EL Essig-Essenz (25 %)
3 EL Olivenöl
Salz, Pfeffer
1–2 TL Zucker
2 TL mittelscharfer Senf

Feldsalat putzen, waschen, abtropfen lassen. Feigen waschen, achteln. Mozzarella in dünne Scheiben schneiden.

Auf 4 Portionstellern anrichten.
Aus Wein, Essig-Essenz, Öl, Salz, Pfeffer, Zucker und Senf ein Dressing rühren. Über die Salatportionen gießen.

Feldsalat mit Bündner Fleisch und Parmesan

150 g Feldsalat
100 g Bündner Fleisch

Für die Marinade:
3 EL Weißweinessig
Salz
Pfeffer
5 EL Walnussöl
2 Schalotten, fein gehackt

1 EL Sesam
50 g Parmesan am Stück

Den Feldsalat putzen, mehrmals waschen und trockenschleudern. Das Bündner Fleisch in schmale Streifen schneiden.
Den Weißweinessig mit Salz und Pfeffer verrühren, bis sich das Salz aufgelöst hat. Dann erst das Walnussöl dazugießen. Dabei mit dem Schneebesen schlagen, bis die Sauce cremig geworden ist. Die Schalottenwürfel einstreuen.

Den Sesam in einer trockenen, beschichteten Pfanne goldgelb rösten, in die Salatsauce streuen. Den Feldsalat gründlich in der Sauce wenden. Das Bündner Fleisch untermischen. Den Salat auf 4 Teller verteilen und den Parmesan mit dem Gurkenhobel über dem Salat abhobeln.
Mit getoastetem Bauernbrot und Butter servieren.

Abb. S. 35
Garnelencreme-Suppe mit Croûtons
(Rezept S. 36)

Suppen – Cremig und pikant

Cabanossi-Käse-Suppe

▷

250 g Cabanossi
1 Zwiebel
500 g Kartoffeln
400 g Möhren
1 Stange Lauch
30 g Pflanzenfett
1 EL Mehl
1/4 l Brühe
1/4 l Sahne
1 Schale Kräuter-Schmelzkäse
Salz, Pfeffer
1 Bund Petersilie

Cabanossi in Scheiben schneiden. Gemüse putzen und waschen. Zwiebel fein hacken. Kartoffeln in kleine Würfel, Möhren in Scheiben und Lauch in Ringe schneiden. Fett in einem Topf erhitzen und die Cabanossischeiben darin anbraten. Zwiebelwürfel zufügen und leicht andünsten. Mit Mehl bestäuben und Brühe unter Rühren angießen. Alles kurz aufkochen lassen. Sahne unterrühren. Kartoffeln und Möhren zufügen und alles bei mittlerer Hitze ca. 12 Minuten garen. Dann die Porreeringe und den Schmelzkäse zufügen. Die Suppe solange weitergaren, bis der Käse ganz geschmolzen ist. Die Cabanossi-Käse-Suppe mit Salz und Pfeffer abschmecken und mit gehackter Petersilie bestreut servieren.

Garnelencreme-Suppe mit Croûtons *(Abb. S. 35)*

1 Schalotte
40 g Pflanzenöl
8 küchenfertige geschälte Hummerkrabben
200 ml Fischfond
300 ml Hühnerbrühe
1 Döschen Krebssuppenpaste
4 cl Weinbrand
150 g Frischkäse
4 EL steif geschlagene Sahne
Salz, Pfeffer
2 Scheiben Toast
Schnittlauch zum Garnieren

Schalotte schälen, fein hacken und in 15 g Öl andünsten. Hummerkrabben waschen, trockentupfen und zufügen. Ca. 4 Minuten mitdünsten, dabei einmal wenden. Hummerkrabben herausnehmen, 4 in Scheiben schneiden. Fischfond, Hühnerbrühe, Krebssuppenpaste und Weinbrand zur Schalotte geben, alles zum Kochen bringen und solange weiterköcheln lassen, bis die Paste ganz aufgelöst ist. Frischkäse mit Sahne verrühren und 2/3 mit einem Pürierstab unter die Suppe arbeiten. Alles mit Salz und Pfeffer abschmecken. Die Hummerkrabbenscheiben in der Suppe erwärmen. Für die Croûtons Toasts entrinden, fein würfeln und in dem restlichen Öl rundherum goldbraun anbraten. Die Garnelencreme-Suppe in Teller füllen, jeweils einen Klacks der restlichen Frischkäse-Sahne-Masse hineingeben, eine ganze Hummerkrabbe darauf setzen und mit Schnittlauch garniert servieren. Die Croûtons extra dazu reichen.

Kalte Frischkäse-Melonensuppe

▷

(für 6 Personen)

1 Honig- oder Netz-Melone
1 reife Avocado
Saft von 2 Limonen
1/4 l trockener Sekt
1 Packung Frischkäse-zubereitung
Salz, weißer Pfeffer
Tabasco
150 g Salatgurke
150 g rote Paprikaschote

Melone schälen, halbieren, entkernen und grob würfeln. Avocado halbieren, den Stein entfernen, schälen und ebenfalls grob würfeln. Mit der Melone, dem Limonensaft, dem Sekt sowie der Frischkäsezubereitung im Mixer pürieren und durch ein Sieb streichen. Mit den Gewürzen abschmecken. Gurke und Paprikaschote waschen und fein würfeln. Die gut gekühlte Frischkäse-Melonensuppe auf Teller verteilen, Paprika- und Gurkenwürfel hineingeben.

Klare Möhrenessenz mit Allgäuer-Bergkäse-Eierstich

Für die Essenz:
750 g Möhren
800 ml Gemüsefond (aus dem Glas)
1 TL Pimentkörner
1 1/2 Zimtstangen
Salz

Für den Eierstich:
2 Eier
1/8 l Milch
75 g Allgäuer Bergkäse
Salz, Pfeffer
Butter für die Form

Die Eier mit der Milch verquirlen, den Allgäuer Bergkäse reiben. Den Käse unter die Eiermilch heben und mit Salz und Pfeffer würzen. Eine flache, ofenfeste Form ausbuttern und die Eier-Käse-Milch einfüllen. Form mit Alufolie verschließen. Die Form in ein weiteres ofenfestes Gefäß stellen. Dieses mit heißem (nicht kochendem) Wasser füllen. In den kalten Backofen geben und den Käse-Eierstich bei 175 °C in 30 Minuten stocken lassen. In der Zwischenzeit die Möhren schälen und waschen. Eine Möhre beiseite legen, die restlichen Möhren würfeln. Gemüsefond mit 1/4 l Wasser verdünnen. Möhrenwürfel mit den Pimentkörnern und Zimtstangen darin aufkochen und zugedeckt 20 Minuten bei sanfter Hitze ziehen lassen.
Die beiseite gelegte Möhre zuerst längs in Scheiben, dann in Streifen schneiden. Käse-Eierstich stürzen und würfeln. Die Möhrenessenz durch ein Sieb in einen weiteren Topf gießen, mit Salz abschmecken, aufkochen. Die Möhren-Streifen und den Käse-Eierstich auf vier vorgewärmte Teller oder Suppentassen verteilen. Darauf die Möhrenessenz geben und sofort servieren.

Allgäuer Kartoffelsuppe

▷

600 g Kartoffeln (mehlig kochend)
1 Zwiebel
1 Knoblauchzehe
1 Stange Lauch
2 Möhren
30 g Butter
3/4 l Gemüsebrühe (instant)
200 g Schmelzkäse-Schale „Kräuter"
Salz, Pfeffer
Majoran
Muskat
4 Scheiben Baguette

Kartoffeln waschen, schälen und in Würfel schneiden. Zwiebel ebenfalls fein würfeln und Knoblauch durch die Knoblauchpresse drücken.
Lauch in feine Ringe schneiden und Möhren würfeln.
Die Butter in einem Topf erhitzen und das Gemüse darin andünsten. Mit der Brühe aufgießen und ca. 15 Minuten kochen lassen. Von dem Schmelzkäse „Kräuter" 2 EL zurückbehalten. Restlichen Schmelzkäse zugeben und aufkochen lassen. Suppe mit Salz, Pfeffer, Majoran und Muskat würzen. In feuerfeste Suppenschälchen geben.
Baguettescheiben goldbraun rösten und mit dem zurückbehaltenen Schmelzkäse bestreichen, auf die Suppe legen und im Backofen ca. 5 Minuten bei 200 °C knusprig überbacken.

Käse-Brokkoli-Suppe

200 g Brokkoli
Meersalz
40 g Butter
3 EL Vollkornmehl (Reformhaus)
1/2 l Gemüsebrühe
125 g Streichfein mit Kräutern (Reformhaus)
1 Eigelb
2 EL Crème fraîche
Meersalz
weißer Pfeffer aus der Mühle
Muskatnuss, frisch gerieben
2 EL Zitronensaft
4 EL grob geraspelter Hartkäse

Den Brokkoli putzen, die harte Schale am Strunk entfernen und mit wenig Salz ca. 5 Minuten blanchieren.
Inzwischen die Butter erhitzen, das Vollkornmehl darin anschwitzen und mit der Gemüsebrühe und 1/4 l Brokkoli-Wasser auffüllen.
Aufkochen und ca. 5 Minuten bei geringer Hitze kochen lassen. Streichfein mit Kräutern vorsichtig unterrühren.
Das Eigelb mit Crème fraîche verquirlen und in die Suppe einrühren, nicht mehr kochen lassen. Mit Meersalz, Pfeffer, Muskatnuss und Zitronensaft abschmecken.
Die Suppe in vorgewärmte Tassen füllen, die abgetropften Brokkoliröschen zerkleinern und auf der Suppe verteilen und jeweils mit Käseraspeln garnieren.

Fenchelcremesuppe mit Schinkenstreifen ▷

400 g Fenchel
1 Kartoffel
30 g Butter
3/4 l Gemüsebrühe (instant)
150 g Schmelzkäse-Schale „Kräuter"
Salz
weißer Pfeffer
50 g gekochter Schinken
1/2 Bund Dill

Fenchel putzen und in Stücke schneiden, Kartoffel ebenfalls waschen, schälen und in Würfel schneiden. Die Butter in einem Topf erhitzen und das Gemüse darin andünsten. Mit der Brühe aufgießen und ca. 15 Minuten kochen lassen. Alles mit einem Pürierstab zerkleinern. Schmelzkäse „Kräuter" zugeben und aufkochen lassen. Suppe mit Salz und weißem Pfeffer würzen. Schinken in schmale Streifen schneiden und zugeben. Vor dem Servieren mit Dill garnieren.

Spargelcremesuppe

1 Bund Suppengrün
500 g Putenbrust
1 TL schwarze Pfefferkörner
1 Lorbeerblatt
Salz
250 g Möhren
je 250 g weißer und grüner Spargel
Pfeffer aus der Mühle
100 g Schmelzkäse (Doppelrahmstufe)
Kräuter zum Garnieren

Das Suppengrün putzen, waschen und in grobe Stücke schneiden. Die Putenbrust waschen und mit dem Suppengrün, den Pfefferkörnern und dem Lorbeerblatt in 1 l Salzwasser zum Kochen bringen. Bei milder Hitze ca. 45 Minuten zugedeckt köcheln lassen. Während des Garens mehrmals abschäumen. Inzwischen die Möhren und den weißen Spargel putzen und schälen. Den grünen Spargel putzen, nur den unteren Teil schälen. Das Gemüse waschen. Die Möhren in Scheiben und den Spargel in ca. 3 cm lange Stücke schneiden.
Die Putenbrust aus der Brühe nehmen. Die Brühe mit einem Schneidstab pürieren, durchsieben und aufkochen lassen. Das Gemüse hineingeben und ca. 15 Minuten garen. Mit Salz und Pfeffer würzen. Die Putenbrust in Streifen schneiden.
Den Käse in kleine Stücke schneiden und unter Rühren in der Suppe schmelzen lassen. Die Putenstreifen dazugeben, kurz erwärmen und die Suppe mit Kräutern garniert servieren.

Zwiebelsuppe

▷

375 g Zwiebeln
75 g Butter
1 l Fleischbrühe
Salz
frisch gemahlener Pfeffer
4 EL Weißwein
4 Weißbrotscheiben
2 EL Butter zum Anrösten
4 Scheiben Schwäbischer Raclette-Käse

Zwiebeln abziehen und in Scheiben schneiden. Butter zerlassen und die Zwiebeln darin andünsten. Fleischbrühe hineingießen und die Zwiebeln gar kochen. Die Suppe mit Salz und Pfeffer abschmecken und den Weißwein hinzufügen.
Vier Weißbrotscheiben rund ausstechen und in Butter anrösten. Die Suppe in feuerfeste Suppentassen füllen. Weißbrotscheiben auf die Zwiebelsuppe legen und anschließend jeweils eine Scheibe Käse darauf geben. Die Zwiebelsuppe unter dem vorgeheizten Grill überbacken und sofort servieren.

Brotsuppe mit Käse

4 Zwiebeln
2–3 Knoblauchzehen
3 EL Sojaöl
1/2 l trockener Weißwein
1/4 l Wasser
20 dünne Scheiben altbackenes Weizenmischbrot
200 g Cheddar, gerieben
Salz, Pfeffer
Muskat

Zwiebeln und Knoblauch schälen, die Zwiebeln in Scheiben schneiden und den Knoblauch zerdrücken. In Öl anbraten, mit Wein und Wasser ablöschen und zugedeckt garziehen lassen.
Eine ofenfeste Suppenschüssel nun abwechselnd mit einer Schicht Brotscheiben und einer Schicht Käse auslegen. Dann alles mit der kräftig gewürzten Zwiebelbrühe aufgießen, zudecken und im vorgeheizten Ofen etwa 45 Minuten garen lassen. Die letzten Minuten ohne Deckel die Oberfläche goldbraun werden lassen.

Holländische Käsesuppe

2 EL Butter
2 Zwiebeln
3/4 l Brühe
200 g mittelalter Gouda
250 g Leipziger Allerlei (TK)
Pfeffer, Muskat
1 Bund Petersilie

Die Butter erhitzen, die fein gehackten Zwiebeln darin glasig dünsten, mit Brühe auffüllen. Den Gouda reiben, mit dem Schneebesen unterrühren, das Gemüse zugeben und die Suppe ca. 5 Minuten langsam kochen lassen. Dabei immer wieder durchrühren. Mit den Gewürzen pikant abschmecken und dick mit gehackter Petersilie bestreut servieren.

Milchwerk Essling

Weißwein-Käsesuppe mit Blätterteighaube ▷

1 große Gemüsezwiebel
1 Knoblauchzehe
150 g Champignons
30 g Butter
1 EL. Mehl
1/2 l Gemüsebrühe (instant)
1 Becher Sahne
1/4 l Weißwein (trocken)
200 g Schmelzkäse-Schale „Sahne“
Salz
weißer Pfeffer

Für die Blätterteighaube:
4 Scheiben (250 g) TK-Blätterteig
1 Eigelb
50 g Sesamkörner

Gemüsezwiebel schälen und fein würfeln. Knoblauchzehe durch die Knoblauchpresse drücken.
Champignons putzen und in Scheiben schneiden. Die Butter in einem Topf erhitzen. Zwiebel und Knoblauch darin glasig dünsten. Mit Mehl bestäuben, mit der Brühe aufgießen und ca. 15 Minuten kochen lassen. Sahne, Weißwein und Schmelzkäse „Sahne“ zugeben, aufkochen lassen. Suppe mit Salz und weißem Pfeffer würzen. Die Suppe in 4 ofenfeste Suppentassen geben und den Rand der Tassen leicht mit verquirltem Eigelb bestreichen. Für die Blätterteighaube den aufgetauten Blätterteig ausrollen und 4 Kreise ausstechen, die im Durchmesser etwas größer sein sollten als die Suppentassen. Die Teigdeckel auf die Tassen geben, am Rand leicht andrücken und mit Eigelb bestreichen. Zuletzt mit Sesamkörnern bestreuen und 20 Minuten bei 200 °C im vorgeheizten Backofen backen, bis die Blätterteighaube schön aufgegangen und goldbraun ist.

Zuppa alla Pavese

4 Eier
Wasser
2 TL Essig
3/4 l Geflügelbrühe
1 Zweig Estragon
Pfeffer, Salz
4 Scheiben Weißbrot
2 EL Butter
2 EL geriebener Parmesan

Zuerst werden die pochierten Eier zubereitet. Dazu 1 l Wasser mit dem Essig zum Sieden bringen, die aufgeschlagenen Eier einzeln mit einem Schöpflöffel in das nicht sprudelnde Wasser geben. Die Eier 3 1/2 Minuten garen lassen, mit dem Schaumlöffel herausnehmen, kurz unter kaltem Wasser abschrecken und in warmem Wasser warm stellen. Die Brühe langsam zum Kochen bringen, den Estragon etwas mitziehen lassen, die Brühe würzen. Das Weißbrot mit Butter bestreichen und in einer Pfanne braun ausbraten. Die Weißbrotscheiben in Teller legen, auf jede Scheibe ein pochiertes Ei geben, mit Parmesan bestreuen und mit der Brühe umgießen.

Riesling-Käsesuppe mit Blätterteig-Talern ▷

Für die Suppe:
1 Zwiebel
1 Knoblauchzehe
1 Stange Lauch
30 g Butter
2 Kartoffeln
1 l Hühnerbrühe
1/8 l Riesling
1/8 l Sahne
50 g Allgäuer Emmentaler (gerieben)
50 g Tilsiter (gerieben)
Salz, weißer Pfeffer

Für die Taler:
150 g TK-Blätterteig
Mehl zum Ausrollen
1 Ei
50 g Sesamkörner

Zwiebel, Knoblauch und Lauch putzen und kleinschneiden. Butter in einem Topf zerlassen und das Gemüse anschwitzen. Geschälte und gewürfelte Kartoffeln zufügen, mit der Brühe auffüllen und kochen bis die Kartoffelwürfel zerfallen. Mit dem Passierstab pürieren, Riesling, Sahne und Käse einrühren und mit Salz und Pfeffer aus der Pfeffermühle abschmecken.

Blätterteig 2 mm stark ausrollen, mit einem runden Ausstecher Taler ausstechen und auf ein mit kaltem Wasser abgespültes Backblech legen. Eine Stunde ruhen lassen. Danach mit dem verquirlten Ei bestreichen. Mit Sesamkörnern bestreuen und im vorgeheizten Backofen bei 200 °C (Gas Stufe 3) goldbraun backen. Anschließend die Käsesuppe in vorgewärmte Suppenschalen füllen und die Blätterteig-Taler darauf schwimmen lassen.

Mangoldsuppe mit Schafskäse

600 g Mangold
2 Zwiebeln
2 Knoblauchzehen
30 g Butter
1 l Gemüsebrühe (instant)
Salz, Pfeffer
geriebene Muskatnuss
Korianderpulver
2 EL Crème fraîche
120 g Schafskäse

Den Mangold putzen und waschen. Die Stiele in kleine Stücke, die Blätter in breite Streifen schneiden. Die Zwiebeln und die Knoblauchzehen schälen und fein hacken. Die Butter in einem Topf erhitzen, die Zwiebel- und Knoblauchwürfel und die Mangoldstiele darin ca. 7 Minuten dünsten. Die Mangoldblätter dazugeben und zusammenfallen lassen. Die Brühe angießen. Zugedeckt ca. 10 Minuten garen lassen. Die Suppe mit dem Schneidstab des Handrührers pürieren. Mit Salz, Pfeffer, Muskat und Koriander würzen, mit der Crème fraîche verfeinern. Den Käse zerkrümeln. Die Suppe auf Teller verteilen und mit dem Käse bestreut servieren.

Tomatensuppe mit Käsenocken

300 g Kalbsknochen
1 Zwiebel
1 Bund Suppengrün
1 EL Olivenöl
1 große Dose Tomaten
Salz
1 Lorbeerblatt
Pfeffer aus der Mühle
400 g Brokkoli

Für die Käsenocken:
125 ml Milch
1 EL Butter
4 EL Grieß
1 Ei
100 g Frischkäse mit Kräutern

Die Knochen waschen, die Zwiebel pellen und vierteln, das Suppengrün waschen, putzen und klein schneiden. Das Öl in einem Topf erhitzen und alles zusammen darin kurz anbraten.
Die Tomaten grob hacken und mit ihrer Flüssigkeit und 3/4 l Wasser dazugeben. Das Ganze aufkochen lassen, mit Salz, Lorbeerblatt und Pfeffer würzen und bei milder Hitze ca. 1 Stunde zugedeckt köcheln lassen.
In der Zwischenzeit die Milch mit der Butter und etwas Salz in einem Topf zum Kochen bringen. Den Grieß hineinschütten und unter Rühren aufkochen lassen. Den Topf vom Herd nehmen und dann das Ei und den Frischkäse unterrühren. Die Masse etwas abkühlen lassen und mit 2 Teelöffeln Klößchen daraus formen.
Den Brokkoli putzen, waschen und in Röschen teilen. Die Tomatensuppe durch ein Sieb passieren und aufkochen lassen. Klößchen und Brokkoliröschen in der Suppe ca. 10 Minuten bei mittlerer Hitze garen. Nochmals mit Salz und Pfeffer abschmecken und servieren.

Abb. S. 51
Eingelegter Camembert mit Majoran und Äpfeln
(Rezept S. 52)

Für den kleinen Hunger

Eingelegte Mini-Mozzarelli

▷

1 mittelgroßes Einmachglas
40 Mini-Mozzarellakugeln (300 g)
3 Knoblauchzehen
1 Stück unbehandelte Zitronenschale
1/2 Bund frischer Thymian
1 Stück Rosmarinzweig
2–3 TL geschroteter Pfeffer
3 EL Rotweinessig
ca. 250 ml Sonnenblumenöl

Den Mozzarella gut abtropfen lassen. Den Knoblauch schälen und halbieren. Die Zitronenschale in feine Streifen schneiden. Die Kräuter waschen und mit Küchenkrepp trockentupfen. Die Mozzarellakugeln abwechselnd mit dem Knoblauch, der Zitronenschale, den Kräutern und dem Pfeffer in ein Glas schichten. Den Rotweinessig darüber träufeln. Dann mit Sonnenblumenöl auffüllen, bis alle Zutaten bedeckt sind. Das Glas gut verschließen. Im Kühlschrank aufbewahren. Innerhalb von einer Woche verbrauchen.
Dazu passt frisches Stangenweißbrot.

Eingelegter Camembert mit Majoran und Äpfeln *(Abb. S. 51)*

6 Zweige Majoran
2 Knoblauchzehen
1 EL eingelegter grüner Pfeffer
2 Deutsche Camemberts à 125 g (55 % Fett i. Tr.)
2 Lorbeerblätter
Sonnenblumenöl
1 rotschaliger Apfel (z. B. Berlepsch/Boskoop/Elstar)

Den Majoran waschen und sehr gut trockentupfen. Den Knoblauch schälen und quer in dünne Scheiben schneiden. Den grünen Pfeffer gut abtropfen lassen. Die Camemberts in Achtel schneiden und abwechselnd mit Majoran, Knoblauch, Lorbeerblättern und grünem Pfeffer in ein festschließendes Gefäß schichten. Mit Sonnenblumenöl auffüllen, bis alle Zutaten mit Öl bedeckt sind. Das Gefäß fest verschließen und mindestens zwei Tage bei Zimmertemperatur durchziehen lassen.
Den ungeschälten Apfel vierteln und das Kerngehäuse herausschneiden. Viertel in Spalten schneiden, vorsichtig unter die Marinade heben und servieren.
Der eingelegte Camembert hält sich im Kühlschrank mindestens eine Woche.
Dazu passt herzhaftes Bauernbrot.

Leerdammer-Shrimps-Cocktail

▷

200 g Shrimps
1 Gläschen Noilly Prat (Wermut)
175 g Leerdammer
150 g Rotkohl
1 EL Traubenkernöl
1 Prise Nelkenpulver
Salz, Pfeffer
3 Orangen
1 EL Mayonnaise
1 TL schwarze Johannisbeerkonfitüre
75 g Sauerrahm 10 % Fett
einige Blätter Friséesalat

Die Shrimps mit dem Noilly Prat 20 Minuten marinieren, dann abtropfen lassen, Marinade auffangen. Den Leerdammer würfeln. Den Rotkohl waschen, putzen und in feine Streifen hobeln. Den Kohl mit dem Öl, Nelkenpulver und etwas Salz 2–3 Minuten kneten. Die Orangen dick schälen, längs vierteln und in etwa 1 cm dicke Scheiben schneiden.

Mayonnaise mit Johannisbeerkonfitüre und Sauerrahm glatt rühren. Mit etwas Shrimps-Marinade, Salz und Pfeffer abschmecken.
Den Friséesalat waschen und trockenschleudern, 4 Cocktail-Schalen mit Salat auslegen. Rotkohl, Shrimps, Orangenstücke und Dressing in den Gläsern verteilen.

Käsesalat in Mürbteigschiffchen

Für den Teig:
150 g Mehl
100 g Butter
1 TL Salz
1/2 Ei
1 Msp. Backpulver
1/2 TL Paprikapulver
getrocknete Hülsenfrüchte zum Blindbacken

Für die Füllung:
50 g blaue Trauben
50 g Selleriestifte, aus dem Glas
100 g Edamer-Käse, gestiftelt
50 g Krabben
100 g Jogurt
1 EL Mayonnaise
1 EL Tomatenmark
Rosenpaprika
1 Prise Zucker

Die angegebenen Zutaten rasch zu einem Mürbeteig verkneten und für eine halbe Stunde in den Kühlschrank stellen. Dünn ausrollen und gefettete Schiffchenformen damit auslegen, den Teig mit einer Gabel einstechen. Backpapier in die Formen geben, mit getrockneten Hülsenfrüchten füllen und im vorgeheizten Ofen bei 220 °C 10–15 Minuten backen. Die Hülsenfrüchte entfernen, Schiffchen aus den Formen nehmen und auskühlen lassen.
Für die Füllung die Weintrauben halbieren und entkernen, Sellerie abtropfen lassen und beides mit den Käsestifteln und den Krabben mischen. Aus Jogurt, Mayonnaise und Tomatenmark ein Dressing rühren und mit Paprika und etwas Zucker abschmecken. Über den Salat geben. Salat auf den Schiffchen anrichten.

Käse-Birnen-Baguette

▷

30 g Löwenzahnsalat
50 g Johannisbeeren
1 Birne
1 Stück Blauschimmelkäse mit Rotkulturen (200 g)
8 Scheiben Mehrkorn-baguette
Margarine zum Bestreichen
Pimpernelle zum Garnieren

Salat und Johannisbeeren waschen und gut abtropfen lassen. Birne waschen, das Kerngehäuse entfernen und das Fruchtfleisch in sehr dünne Spalten schneiden. Den Käse in Scheiben schneiden. Baguettescheiben mit Margarine bestreichen, mit Salat und mit der Hälfte der Birnenspalten belegen. Darauf die Käsescheiben und die restlichen Birnenspalten sowie die Johannisbeeren geben. Mit Pimpernelle garniert servieren.

Überbackenes Baguette mit Frischkäse

3 Becher Frischkäse mit feinen Kräutern der Provence (450 g)
2 EL Margarine
1 Ei
150 g gekochter Schinken
100 g Tomaten
2 Sardellenfilets
1 Knoblauchzehe
1 TL getrockneter Oregano
1 großes Baguette
1 EL Kapern

Den Frischkäse mit Margarine und dem aufgeschlagenen Ei in eine Schüssel geben und mit dem Handrührgerät zu einer cremigen Masse verrühren.
Den Schinken in schmale, kurze Streifen schneiden, die Tomaten waschen, putzen und sehr klein würfeln, die Sardellenfilets fein hacken und die Knoblauchzehe schälen und durch die Presse drücken. Alles mit der Frischkäse-Masse vermischen und den Oregano unterrühren. Die Baguette längs halbieren, in 8 Stücke schneiden und die Masse auf die Brothälften verteilen. Die Kapern am Schluss gleichmäßig auf die Frischkäse-Masse streuen und leicht hineindrücken. Die Baguettes im vorgeheizten Backofen bei 200 °C etwa 20 Minuten auf der mittleren Schiene überbacken.

Edelpilzkäseschnitten

300 g deutscher Edelpilzkäse
8 Scheiben Pumpernickel
50 g Butter
Kresse zum Verzieren

Käse in Scheiben schneiden. Brotscheiben dünn mit Butter bestreichen, mit Käse belegen und die anderen Brotscheiben darauf legen, etwas festdrücken. Aus den Käseschnitten verschiedene Figuren ausstechen, Nach Belieben mit Kresse und Edelpilzkäsefiguren verzieren.

Käse-Oliven-Baguette

▷

1 kleine rote Paprikaschote
1 Knoblauchzehe
100 g schwarze entsteinte Oliven
4 EL Olivenöl
1 Stück Blauschimmelkäse mit feinem Knoblauch (200 g)
8 Scheiben Mehrkornbaguette
Basilikum zum Garnieren

Paprikaschote putzen, waschen, vierteln. Die Viertel auf ein Backblech legen und solange unter den vorgeheizten Grill geben, bis die Haut Blasen wirft. Die Paprikaviertel leicht abkühlen lassen, die Haut abziehen und die Filets in Streifen schneiden. Knoblauchzehe schälen und fein hacken. Oliven in sehr kleine Würfel schneiden. Oliven, Knoblauch und Olivenöl verrühren. Den Käse in 8 Scheiben schneiden und die Scheiben diagonal halbieren. Die Baguettescheiben unter dem vorgeheizten Grill auf einer Seite goldgelb rösten. Die Olivenmasse darauf verteilen. Mit den Käsesegmenten und Paprikastreifen belegen. Zum Schluss die Brote mit Basilikumblättchen garnieren.

Raffiniertes Blauschimmel-Baguette

200 g eingelegter Kürbis
1 walnussgroßes Stück Ingwer
1 Avocado
Saft von einer Zitrone
200 g Blauschimmelkäse
8 Scheiben Baguette
Thymianblüten zum Garnieren

Kürbis gut abtropfen lassen und in sehr kleine Würfel schneiden. Ingwer schälen, sehr fein hacken und mit dem Kürbis mischen. Avocado schälen, halbieren, den Stein entfernen, in dünne Spalten schneiden und mit Zitronensaft beträufeln. Den Blauschimmelkäse in Scheiben schneiden, die Scheiben längs halbieren. Auf die Baguettescheiben die Hälfte der Kürbismasse verteilen. Darauf die Avocadospalten und Käsescheiben anrichten. Das restliche Kürbistatar darüber geben und mit Thymianblüten garniert servieren.

Jumbo-Baguette

▷

1 großes Baguettebrot (350 g)
100 g saure Sahne
1 EL Tomatenmark
Kräuter der Provence
Salz
200 g Chesterkäse
200 g geräucherte Putenbrust in Scheiben
1 Kästchen Kresse
1/2 Salatgurke
4 Pfirsichhälften
Pfeffer

Baguettebrot aufschneiden. Saure Sahne mit Tomatenmark, Kräutern der Provence und etwas Salz verrühren und auf eine Baguettebrothälfte streichen. Mit 3/4 von dem Chester und den Putenbrustscheiben belegen. Kresse waschen und von den Wurzeln schneiden. Gurke in Scheiben, Pfirsichhälften in Spalte schneiden und zusammen mit der Kresse auf dem Baguettebrot verteilen, mit Pfeffer würzen und mit dem restlichen Käse belegen. Im Backofen bei 200 °C (Umluft 160 °C) ca. 15 Minuten backen.

Mailänder Baguette

8 Baguette-Brötchen
Butter oder Margarine
einige Salatblätter
50 g Mailänder Salami
50 g Parmaschinken
100 g Provolone-Käse
Kräuterzweige zum Garnieren
4 EL Aceto balsamico
1 EL mittelscharfer Senf
1 EL Kapern
2 EL gehackte Schalotten
2 EL gehackte, gemischte Kräuter
1 hart gekochtes Ei
4 EL Olivenöl
Salz
Pfeffer aus der Mühle
8 kleine Peperoni

Die Baguettes halbieren, dünn mit Butter oder Margarine bestreichen und mit Salatblättern belegen.
Die Hälfte der Brötchen mit Salami und Käse, die andere Hälfte mit Schinken und Käse ausgarnieren und mit Kräuterzweigen verzieren.
Den Aceto balsamico mit dem Senf, den gehackten Kapern, den Schalotten und Kräutern sowie dem geschälten und fein gehackten Ei vermischen.
Das Olivenöl tropfenweise unter die Mischung rühren.
Das Ganze mit Salz und Pfeffer kräftig abschmecken.
Gleichmäßig die Mailänder Baguettes damit überziehen.
Mit Peperoni ausgarnieren, anrichten und servieren.

Rohkostteller mit Käse und Brot

▷

(für 1 Person)

2 EL körniger Frischkäse (50 g)
1 Scheibe Vollkornbrot
1 EL Schnittlauchröllchen
2 Tomaten
200 g Salatgurke
Meersalz mit Jod und Fluor
Pfeffer
1/2 Portion (30 g) Camembert, 30 % F. i. Tr.

Frischkäse auf dem Brot verteilen, mit Schnittlauchröllchen bestreuen. Tomaten achteln, Gurke in Scheiben schneiden. Salzen und pfeffern. Mit dem Camembert zu dem Brot essen.
Dazu Melissentee trinken.

Ziegenkäse mit Sonnenblumenkernkruste

1 kleiner Kopf Batavia
1 kleiner Kopf Radicchio
1 kleiner Bund Ruccola
8 EL Sonnenblumenöl
3–4 EL Weißweinessig
frisch gemahlener Pfeffer
4 runde, flache, in Olivenöl eingelegte Ziegenkäse (à 75 g)
50 g Sonnenblumenkerne

Die Salate putzen, waschen und in mundgerechte Stücke zerpflücken. Den Ruccola verlesen. Salatblätter und Ruccola auf vier Tellern anrichten. Das Sonnenblumenöl mit dem Weißweinessig und etwas Pfeffer verrühren. Gleichmäßig über die Salate träufeln.

Den Ziegenkäse mit den Sonnenblumenkernen bestreuen. Die Kerne etwas andrücken. Im vorgeheizten Backofen bei 180 °C 10 Minuten überbacken. Der Käse sollte nicht zerlaufen. Heiß auf den Salattellern verteilen. Sofort servieren.

Pikantes Frühstück

(für 1 Person)

1 Scheibe Roggenschrot- oder Vollkorn-Brot
1 EL Kräuter-Frischkäse
2 EL Sprossenmischung
1 Roggenvollkorn-Brötchen
1/2 Becher Sahne-Frischkäse (à 125 g)
1–2 Tomaten
1/4 Beet Kresse
1 hart gekochtes Ei
Radieschen, Schnittlauch
Pfeffer, Salz

Vollkornbrot dick mit Kräuter-Frischkäse bestreichen und mit der Sprossenmischung bestreuen. Brötchen halbieren und beide Hälften dick mit Sahne-Frischkäse bestreichen. Eine Hälfte mit Tomatenscheiben belegen und mit Schnittlauchröllchen bestreuen. Die zweite Hälfte mit Kresse, einer Eischeibe und gestiftelten Radieschen belegen. Je nach Geschmack Brot und Brötchen noch leicht pfeffern und salzen.

Kartoffelpuffer mit Kräuter-Frischkäse ▷

1 kg rohe Kartoffeln
1 Zwiebel (ca. 60 g)
5–6 EL Mehl
Salz
50 g Butter (zum Ausbacken)
1 Becher Sahne Frischkäse (125 g)
1 Becher Kräuter Frischkäse
5 EL Milch
10 g Butter
Knoblauch
100 g Königs-Crevetten (ca. 10 Stück à 10 g)
1/2 Glas Keta-Kaviar (ca. 50 g)
Schnittlauch

Kartoffeln schälen und mit der Zwiebel fein reiben und etwas abtropfen lassen. Mehl und Salz einarbeiten. Butter in einer beschichteten Pfanne erhitzen und nacheinander je zwei Esslöffel der Kartoffelmasse hineingeben, etwas flachdrücken und von beiden Seiten knusprig ausbacken. Sahne Frischkäse und Kräuter Frischkäse mit jeweils der Hälfte der Milch cremig rühren. Butter erhitzen und den fein gehackten Knoblauch zugeben, Königs-Crevetten von beiden Seiten je 1 Minute heiß anbraten. Die Kartoffelpuffer mit dem Frischkäse bestreichen und je nach Geschmack mit Keta-Kaviar, Königs-Crevetten oder gehacktem Schnittlauch servieren.

Gebackener Schafskäse auf Gurken

300 g milder Schafskäse
1 Ei
Pfeffer
1 Knoblauchzehe
100 g Blütenzarte Haferflocken
1 Salatgurke
1 Zwiebel
1 Zitrone, unbehandelt
4 EL Essig
3 EL Sonnenblumenöl
Salz
Oregano
500 g Pflanzenmargarine
Paprikapulver

Käse in Würfel schneiden. Ei mit Pfeffer verquirlen. Knoblauchzehe schälen, zerdrücken und hinzufügen. Käsewürfel im Ei wenden und mit Haferflocken panieren. Gurke waschen und mit Schale in dünne Scheiben schneiden. Auf vier Tellern anrichten. Zwiebel fein würfeln. Von der Zitronenschale eine Hälfte abreiben, die andere Hälfte dünn abschälen und in feine Streifen schneiden. Zitronensaft auspressen. Für die Marinade Essig, Zitronensaft, geriebene Zitronenschale sowie Salz, Pfeffer, Oregano, Zwiebel und 3 EL Öl verquirlen. Über die Gurkenscheiben träufeln und mit den Zitronenstreifen verzieren. Margarine in einem hohen Kochtopf erhitzen und die panierten Käsewürfel ca. 5 Minuten darin goldbraun ausbacken. Mit der Schaumkelle herausnehmen, abtropfen lassen und auf den Gurkenscheiben anrichten. Mit Paprika bestäubt servieren.

Hirsebratlinge mit Kräuter-Schmelzkäse-Sauce ▷

200 g Hirse
1/2 l Gemüsebrühe
100 g Reibekäse
1 Ei
4 EL Paniermehl
Salz, Pfeffer, Muskat
2 EL Speiseöl
1/8 l Milch
200 g Schmelzkäse-Schale „Kräuter"
1 EL Zitronensaft
1 EL Stärke

Hirse waschen, in die kochende Gemüsebrühe geben und auf kleiner Flamme 15–20 Minuten ausquellen lassen. Etwas abkühlen lassen und Reibekäse, Ei und Paniermehl unterrühren. Mit Salz, Pfeffer und Muskat würzen. Öl in einer Pfanne erhitzen. Aus der Hirsemasse Bratlinge formen und goldgelb backen. Milch aufkochen, Schmelzkäse zugeben und unter ständigem Rühren schmelzen lassen.
Zitronensaft unterrühren, mit Muskat abschmecken und mit der Stärke binden.
Bratlinge mit der Sauce auf einem Teller anrichten.
Dazu einen grünen Salat mit Tomaten reichen.

Kräuter-Pfannkuchen mit Quark-Creme

Für die Quark-Creme:
250 g Magerquark
4 EL Sahne
1 TL geriebener Meerrettich
3 EL Instant Haferflocken
1–2 EL Schnittlauchröllchen
Salz

Für die Pfannkuchen:
150 g Weizenmehl
2 EL Kernige Haferflocken
3 Eier
1/4 l Mineralwasser
50 g geriebener Käse
2 EL gemischte gehackte Kräuter
1 Zwiebel
Salz
4 EL Speiseöl

Für die Creme Magerquark mit Sahne gut verrühren. Meerrettich, Instant-Haferflocken und Schnittlauch unterrühren. Die Quark-Creme mit Salz würzen.
Für die Kräuter-Pfannkuchen Mehl in eine Schüssel sieben, mit Haferflocken mischen, in die Mitte eine Vertiefung eindrücken. Die Eier mit Mineralwasser verschlagen, etwas davon in die Vertiefung geben, von der Mitte aus Eier-Flüssigkeit und Mehl-Haferflocken-Mischung verrühren, nach und nach die übrige Eier-Flüssigkeit dazugeben, darauf achten, dass keine Klumpen entstehen, etwa 1 Stunde quellen lassen.
Geriebenen Käse und Kräuter unter den Teig rühren.
Die Zwiebel fein würfeln, hinzufügen, den Teig salzen.
Im heißen Öl Pfannkuchen backen und mit der Quark-Creme servieren.

Tierische Käseplatte für Kinder

(für ca. 25 Figuren)

500 g Hart- und Schnittkäse, z. B. Allgäuer Emmentaler, deutscher Edamer, deutscher Gouda oder Tilsiter
Beerenfrüchte, z. B. Erdbeeren, Himbeeren
Salzstangen

Den Käse in ca. 0,5 cm dicke Scheiben schneiden. Mit verschiedenen Ausstechförmchen, z. B. Bären, Fische, Schmetterlinge, Häschen ausstechen. Die Käsetiere mit den Beerenfrüchten und Salzstangen dekorieren.

Kinder können bei diesem „Rezept" mithelfen und ihrer Phantasie freien Lauf lassen.

Deftige Käse-Brotzeit

200 g Räucherrolle Schinken
2 Regensburger Würste (200 g)
1 Frühlingszwiebel
2 Zwiebeln
2 EL Essig
3 EL Distelöl
Salz, Pfeffer
Schnittlauch

Räucherkäse erst in dicke Scheiben und dann in Streifen, Regensburger in Scheiben und die Frühlingszwiebel in Ringe schneiden. Die Zwiebeln in feine, halbe Ringe schneiden und mit etwas heißem Wasser überbrühen. Aus dem Brühwasser, Essig, Öl, Salz und Pfeffer eine kräftige Marinade anrühren. Alle Zutaten unterheben und gut durchziehen lassen. Mit Schnittlauchröllchen bestreut servieren.

Harzer auf Toast

4 Eier
200 g Harzer
1 Bund Radieschen
1 EL Kapern
2 EL Öl
2 TL Zitronensaft
Salz, Pfeffer
6 Scheiben Buttertoast
1 Bund Schnittlauch

Die Eier 10 Minuten kochen und kalt abschrecken. Den Harzer würfeln. Die Radieschen waschen und in Stifte schneiden. Harzer, Radieschen und Kapern vermischen. Mit Öl, Zitronensaft, Salz und Pfeffer abschmecken. Die Toastscheiben entrinden, diagonal halbieren und mit Eierscheiben belegen. Die Käsemischung darauf verteilen und mit Schnittlauchröllchen bestreuen.

Eingelegter Mozzarella

3 Knoblauchzehen
1 rote Pfefferschote
250 g frische, kleine Champignons
1/2 l Weißwein
1/4 l Olivenöl
2 Packungen Mozzarella-Rolle (à 250 g)
15 schwarze Oliven

Die Knoblauchzehen schälen und in Stifte schneiden. Die Pfefferschote in Ringe schneiden, dabei die scharfen Kerne entfernen. Die Pilze abziehen und an den Stielen etwas kürzen. Den Weißwein mit Olivenöl verrühren und in ein 2-Liter-Glas füllen. Die beiden in Scheiben geschnittenen Mozzarella-Rollen sowie Champignons, Oliven, Pfefferschoten und Knoblauchstifte in die Marinade geben.
Das Glas verschließen und an kühler Stelle aufbewahren. Vor dem Servieren abtropfen lassen.

Obatzter

250 g reifer Camembert
175 g weiche Butter
1 Eigelb
1/2 Knoblauchzehe
1/2 TL Salz
1 kleine Zwiebel
1 TL Paprikapulver, edelsüß
je 1 Msp. weißer Pfeffer und gemahlener Kümmel
einige Zweige Petersilie

Den Camembert mit der Butter und dem Eigelb vermischen. Die Knoblauchzehe schälen, klein schneiden und mit dem Salz bestreut mit einer Gabel zerdrücken. Die Zwiebel schälen und halbieren. Eine Hälfte in Ringe schneiden, die andere Hälfte klein hacken und in die Käsemischung geben. Knoblauch, Paprika, Pfeffer und Kümmel unter die Käsemasse rühren. Den Obatzten mit den Zwiebelringen und Petersilie belegen.

TIPP

Statt Camembert kann man auch Limburger oder Hüttenkäse verwenden.

Abb. S. 75
Feta-Teigtaschen in Tomatensauce
(Rezept S. 78)

Gemüse – Knackig und gesund

Warmer Schafskäse auf mariniertem Gemüse

▷

je 1 rote, gelbe und grüne Paprikaschote (zusammen 600 g)
500 g Tomaten
100 g Zwiebeln
2 Knoblauchzehen
1 TL Kräuter der Provence
2 TL Essig-Essenz (25 %)
2 EL Öl
Salz, Pfeffer
4–5 EL Fleischbrühe (instant)
300 g Schafskäse
50 g schwarze Oliven

Paprikaschoten putzen, waschen und in feine Streifen schneiden. Tomaten waschen und achteln, Zwiebeln pellen und in halbe Ringe schneiden.
Gemüse abwechselnd ziegelartig in eine flache Auflaufform schichten.
Zerdrückte Knoblauchzehen mit Kräutern der Provence, Essig-Essenz, Öl, Salz, Pfeffer und Fleischbrühe verrühren. Sauce über das Gemüse gießen. Form abdecken und im Backofen bei 220 °C 45 Minuten garen.
Herausnehmen und evtl. etwas abkühlen lassen, damit das Gemüse gut durchziehen kann.
Schafskäse in Scheiben oder Streifen schneiden und zusammen mit den Oliven auf dem Gemüse verteilen.
Form wieder abdecken und weitere 10 Minuten im Backofen bei 220 °C garen.

Gemüse im Käse-Bierteig

1/2 Blumenkohl
2 Zucchini
8 kleine Möhrchen
3 Frühlingszwiebeln
Saft einer Zitrone
Salz

Für den Teig:
150 g Mehl
40 g Butterschmalz
2 Eier, getrennt
150 g Tilsiter, gerieben
1/4 l Bier
Salz
Butterschmalz zum Ausbacken

Salzwasser in einem Topf erhitzen. Das Gemüse waschen, putzen und in mundgerechte Stücke teilen. In Salzwasser bissfest garen, abtropfen lassen und in Zitronensaft marinieren. Bei den Frühlingszwiebeln nur den unteren weißen Teil verwenden. Nun das Mehl mit dem geschmolzenen Butterschmalz, dem Eigelb, dem Käse und dem Bier verrühren, mit Salz abschmecken. Eiweiß steif schlagen und unterheben.
Das marinierte Gemüse und die Frühlingszwiebeln mit Mehl pudern, durch den Ausbackteig ziehen und in heißem Butterschmalz goldgelb ausbacken.

Röllchen Leerdammer mit Staudensellerie ▷

(für 4 Röllchen)

120 g Leerdammer
4 schmale Stängel Staudensellerie
Salz
1 kandierte Kastanie
50 g weicher, frischer Rahmkäse
frischer Schnittlauch

Den Leerdammer in 4 dünne Scheiben schneiden. Den Staudensellerie waschen und die Fäden abziehen. Die Stängel in Stücke von der Breite einer Scheibe Käse schneiden. Den Staudensellerie in genügend Salzwasser etwa 10 Minuten bissfest kochen. Die Stängel anschließend kalt abspülen und trockentupfen. Die sehr fein geschnittene Kastanie in den Rahmkäse rühren. Den Hohlraum der Stängel damit füllen. Jeden Stängel in einer Scheibe Käse einrollen. Jedes Röllchen halbieren. Die Enden mit ein wenig Rahmkäse bestreichen. Jedes Käseröllchen mit zwei Halmen Schnittlauch festbinden.

Feta-Teigtaschen in Tomatensauce *(Abb. S. 75)*

375 g Vollkornmehl
3 Eier
ca. 60 ml Wasser
Salz
2 Zwiebeln (150 g)
2 Knoblauchzehen
1 Glas Feta (Würfel in Öl, 300 g)
300 g Spinat (tiefgekühlt, gehackt)
1 Bund Petersilie
Pfeffer
Muskat
Mehl zum Ausrollen
2 l Brühe
50 g Schinkenspeck
750 g passierte Tomaten
1 Bund Basilikum
1 Prise Zucker

Mehl mit Eiern, Wasser und einer Prise Salz kräftig verkneten und ruhen lassen. In der Zwischenzeit Zwiebeln schälen und fein hacken. Knoblauch zerdrücken. Öl aus dem Feta-Glas in der Pfanne erhitzen, Zwiebelwürfel und Knoblauch darin glasig braten, aufgetauten Spinat untermischen und etwas abkühlen lassen. Feta und Petersilie fein hacken, unter die Spinatmischung geben. Mit Salz, Pfeffer und Muskat abschmecken. Vollkornteig ausrollen, in kleine Quadrate (ca. 8 x 8 cm) schneiden, Spinat-Feta-Masse auf die Teigblätter verteilen und zu Teigtaschen formen. Diese dann in die kochende Brühe legen und bei geringer Hitzezufuhr ziehen lassen. Wenn die Teigtaschen obenauf schwimmen, aus der Brühe nehmen und warm halten. 50 g gehackten Schinkenspeck in 1 EL Speiseöl braten, passierte Tomaten hinzugeben, Basilikum waschen, zerpflücken und in die Sauce geben. Mit Pfeffer und Zucker abschmecken. Tomatensauce zu den Teigtaschen reichen.

Ausgebackene Käsewürfel auf Kohlrabi-Ragout

▷

4 Kohlrabi, je ca. 150 g
1 Zwiebel
50 g Butter
1/2 TL gerebelter Majoran
Salz, weißer Pfeffer
50 ml Gemüsebrühe
1 EL gehackte Petersilie
Zitronensaft
400 g deutscher Gouda oder deutscher Edamer
1 Ei
4 EL Semmelbrösel
Butterschmalz zum Ausbacken

Von dem Kohlrabi die Blätter entfernen, die inneren Blätter in feine Streifen schneiden. Kohlrabi schälen und in 1 cm dicke Scheiben schneiden, dann würfeln. Zwiebel schälen und würfeln, in 30 g zerlassener Butter glasig dünsten. Kohlrabi, Majoran, Salz und Pfeffer hinzufügen und kurz mitdünsten. Mit der Brühe begießen und zugedeckt etwa 15 Minuten dünsten. Zum Schluss die restliche Butter in Flocken sowie die geschnittenen Kohlblätter und die Petersilie unter das Gemüse mischen. Mit Zitronensaft abschmecken.
Den Käse in 2 cm große Würfel schneiden, in Ei und Semmelbrösel wälzen und im heißen Butterschmalz im Wok ausbacken.
Die Käsewürfel über dem Kohlrabi-Ragout vorsichtig verteilen und servieren.

Wirsingsäckchen mit Frischkäse-Schinken-Füllung

1 kleiner Wirsing
Salz
100 g gekochter Schinken
3 Eier
400 g Frischkäse
Pfeffer
1 Bund Schnittlauch
1 Zwiebel
30 g Margarine
1 große Dose Tomaten
1 Bund Petersilie

Wirsing in einzelne Blätter zerlegen, in kochendem Salzwasser 4 Minuten blanchieren und abschrecken. Schinken fein würfeln. Eier mit Frischkäse verrühren, Schinken untermischen und mit Salz und Pfeffer abschmecken. 12 Wirsingblätter mit je 1 EL Frischkäsemasse füllen und mit Schnittlauch vorsichtig zusammenbinden. Danach die Zwiebel schälen und fein würfeln. In einer Pfanne Margarine erhitzen und die Zwiebelwürfel darin glasig dünsten. Tomaten mit dem Saft zugießen und etwas einkochen lassen. Tomatensauce mit Salz und Pfeffer würzen. Wirsingsäckchen in die Sauce setzen und 10 Minuten bei geschlossenem Deckel ziehen lassen.
Petersilie grob hacken und in die Tomatensauce geben. Wirsingsäckchen und Tomatensauce auf vier Tellern verteilen.

Sellerieschnitzel mit Käsesauce

▷

1 feste Sellerieknolle (500 g)
1 TL Salz
125 g gesalzene Erdnusskerne
2 Eigelb
100 g Instant Haferflocken
80 g Butter oder Margarine
1/4 l Milch
100 g mittelalter Gouda
Salz
Pfeffer

Sellerie putzen, schälen und waschen, dann in dünne Scheiben schneiden.
Große Selleriescheiben halbieren. In kochendem Salzwasser ca. 5 Minuten garen. 1/8 l der Kochflüssigkeit abfüllen. Für die Panade Erdnüsse mahlen und die Eigelbe verquirlen.
Selleriescheiben abtropfen lassen und nacheinander in Eigelb, Erdnüssen und ca. 50 g Instant Flocken wenden (Erdnüsse dabei etwas andrücken), beiseite stellen.
Für die Sauce 30 g Fett erhitzen, die restlichen Instant Flocken darin anschwitzen, Milch und Selleriefond unter Rühren zufügen und noch 5 Minuten leicht köcheln lassen.
Käse reiben, unterheben, in der Sauce schmelzen lassen und mit Salz und Pfeffer abschmecken.
Restliches Fett erhitzen und die Selleriescheiben darin goldbraun braten.
Sellerieschnitzel und Käsesauce getrennt anrichten und Salzkartoffeln dazu reichen.

Blumenkohl mit Landrahm-Käse-Sauce

800 g Kartoffeln
1 Blumenkohl
150 g frischer Landrahm
0,1 l Milch
50 g geriebener Käse (Gouda)
Meersalz
Muskat
Zitronensaft
100 g gekochter Schinken

Kartoffeln schälen, waschen, in kaltem Salzwasser zum Kochen bringen und garen. Inzwischen den Blumenkohl putzen, waschen und in Salzwasser garen. Landrahm mit der Milch verrühren und erhitzen. Den geriebenen Käse zugeben und zum Schmelzen bringen. Mit Salz, Muskat und Zitronensaft abschmecken. Den in dünne Streifen geschnittenen Schinken in die Sauce geben, kurz durchziehen lassen und über den abgetropften Blumenkohl geben.
Die Kartoffeln dazu servieren.

TIPP

Statt Blumenkohl kann man auch Brokkoli oder Romanesco verwenden.

Gefüllte Gurken mit pikantem Frischkäse ▷

1 große Salatgurke (ca. 600 g)
2 Becher Sahne-Frischkäse (à 125 g)
3 EL Sahne
weißer Pfeffer
1/2 kleine Peperoni
1 kleine Möhre
je 1/4 gelbe und grüne Paprika
Dill

Salatgurke längs halbieren und mit einem Löffel oder Kugelausstecher von den Kernen befreien und etwas aushöhlen. Anschließend die Gurkenhälften in der Mitte teilen. 2 Becher Sahne-Frischkäse mit etwas Sahne cremig rühren, mit weißem Pfeffer abschmecken.
Peperoni längs halbieren, die Kerne entfernen. Möhre und Paprika putzen. Das Gemüse in ganz kleine Stücke schneiden und mit etwas fein gehacktem Dill unter den Frischkäse rühren, nochmals pikant abschmecken. Die Frischkäse-Masse in einen Spritzbeutel mit einer Lochtülle füllen und in die Gurkenviertel spritzen.
Mit einigen Dillfähnchen garnieren.
Eine frische Vorspeise oder mit knusprigem Baguette ein leichter Snack.

Überbackener Fenchel mit Frischkäse-Sauce

4 Knollen Gemüsefenchel
Salz
2 Becher Frischkäse mit französischen Kräutern (à 150 g)
1/8 l Gemüsebrühe (instant)
2 EL trockener Wermut
schwarzer Pfeffer aus der Mühle
30 g gehobelte Mandeln oder Haselnüsse

Den Backofen auf 180 °C vorheizen. Den Fenchel putzen, waschen, längs halbieren. In kochendem Salzwasser 5 Minuten garen, dann herausnehmen und abkühlen lassen.
Die einzelnen Lagen der Fenchelknollen auseinander ziehen, mit 200 g Frischkäse bestreichen und mit der Schnittfläche nach unten in eine flache, feuerfeste Form setzen. Den restlichen Frischkäse mit der Gemüsebrühe und dem Wermut verrühren, mit Pfeffer abschmecken und auf dem Fenchel verteilen.
Zum Schluss die Mandeln oder Haselnüsse darüber streuen.
Den Fenchel ca. 30 Minuten im Ofen überbacken.
Dazu passt Kartoffelschnee oder Kurzgebratenes.

Schmorgurken-Pfifferling-Gemüse mit Käse ▷

500 g kleine Kartoffeln, vorwiegend fest kochend
2 EL Sesamsamen, ungeschält
250 g Pfifferlinge
750 g Schmorgurken
25 g durchwachsener geräucherter Speck
1 Zwiebel
20 g Butter
Salz
Pfeffer aus der Mühle
125 g deutscher Butterkäse
1 Bund Dill

Kartoffeln unter fließendem Wasser gründlich abbürsten, längs halbieren und auf ein Backblech setzen. Mit Sesam bestreuen. Im Backofen bei 225 °C (Umluft: 200 °C/Gas: Stufe 4) ca. 45 Minuten backen. Pfifferlinge gründlich waschen und putzen. Schmorgurken in Stücke schneiden. Speck fein würfeln und in einer Pfanne auslassen. Zwiebel würfeln und in der Pfanne glasig dünsten. Pfifferlinge und Schmorgurken zufügen und 8–10 Minuten schmoren. Mit wenig Salz und reichlich frisch gemahlenem Pfeffer abschmecken. Butterkäse würfeln. Untermischen und den Deckel auflegen. Den Käse schmelzen lassen. Dill abspülen, trockenschütteln und fein hacken. Über das Gemüse streuen und mit den Sesam-Kartoffeln anrichten.

Spitzkohl mit Pecorino und Steinpilzen

30 g getrocknete Steinpilze
1 Bund Petersilie
1 Zwiebel
2 EL Butter
150 g Crème double
Salz, Pfeffer
700 g Spitzkohl
200 g Fleischtomaten
100 g geriebener Pecorino

Die Steinpilze ca. 30 Minuten in 125 ml Wasser einweichen. Die Petersilie waschen und klein hacken. Die Zwiebel pellen und in Würfel schneiden.
Die Butter in einer Pfanne erhitzen und die Zwiebelwürfel glasig dünsten. Petersilie und ausgedrückte Steinpilze dazugeben und andünsten. Mit dem Pilz-Einweichwasser ablöschen und die Crème double unterrühren, salzen und pfeffern.
Bei milder Hitze 5–10 Minuten köcheln lassen. Den Kohl waschen, vierteln und den Strunk herausschneiden, in Salzwasser 15 Minuten garen. Inzwischen die Tomaten enthäuten, vierteln, entkernen und in Würfel schneiden. In die Steinpilzsauce geben und kurz aufkochen lassen.
Den Spitzkohl abgießen, abtropfen lassen und auf einer Platte anrichten, die Sauce darüber gießen, mit Pecorino und Petersilie bestreuen und mit Kroketten servieren.

Schwarzwurzeln in Käsesauce

▷

600 g Schwarzwurzeln
Saft von 2 Zitronen
Meersalz
100 ml Gemüsebrühe aus Extrakt (Reformhaus)
250 g Champignons
weißer Pfeffer aus der Mühle
Thymian
125 g Schimmelkäse (70 % F. i. Tr.)
5 Stängel glatte Petersilie
1 Tomate
1 EL gehackte, leicht angeröstete Walnusskerne (Reformhaus)

Schwarzwurzeln unter fließendem Wasser schälen und sofort in Zitronenwasser legen. Klein schneiden, Salz zugeben und in Gemüsebrühe ca. 20 Minuten garen.

Champignons waschen, putzen und halbieren. Zu den Schwarzwurzeln geben und ca. 5 Minuten mitdünsten. Pfeffer, Thymian und den zerbröckelten Käse zugeben. Wenn der Käse zerlaufen ist, grob gehackte Petersilie untermischen. Mit Tomatenstreifen und Nüssen garnieren.

Spargel mit Käse-Pesto

400 g weißer Spargel
400 g grüner Spargel
Salz
Zucker
50 g Kürbiskerne
2 Bund Basilikum
100 g fein geriebener alter Gouda
2 Knoblauchzehen
Pfeffer aus der Mühle
8 EL Distelöl
75 g gekochter Schinken
75 g roher Schinken

Den Spargel putzen, waschen und schälen (den grünen Spargel nur am unteren Ende schälen). Weißen und grünen Spargel getrennt in reichlich kochendes Salzwasser mit etwas Zucker geben. Bei mittlerer Hitze den grünen Spargel ca. 12, den weißen ca. 16 Minuten garen.

Die Kürbiskerne fein mahlen oder hacken. Das Basilikum waschen, trockenschütteln und, bis auf einen kleinen Rest zum Garnieren, fein hacken.

Gemahlene Kürbiskerne, Basilikum und geriebenen Käse in eine kleine Schüssel geben, die Knoblauchzehen pellen und dazupressen, alles vermischen und mit Salz und Pfeffer würzen. Das Öl unterrühren.

Den Spargel mit einer Schaumkelle aus dem Topf nehmen, abtropfen lassen und zusammen mit dem gekochten und dem rohen Schinken auf einer Platte anrichten. Das Pesto über den Spargel verteilen, mit Basilikum garnieren und sofort servieren.

Dazu passen Salzkartoffeln.

Gebackene Sommerpilze

▷

250 g frische Pfifferlinge (oder Egerlinge, Maronen)
je 1 Bund Petersilie, Schnittlauch, Thymian
1/2 Stange Lauch
150 g Schwäbischer Raclette
1 EL Butter
4 Eier
50 ml Milch
1 Knoblauchzehe
Salz
Pfeffer aus der Mühle

Pilze putzen, waschen und in Scheiben schneiden. Kräuter fein hacken, Lauch putzen, waschen und in feine Ringe schneiden. Den Schwäbischen Raclette würfeln.
Eine große Pfanne oder vier Portionspfännchen mit der Butter fetten. Gemüse, Kräuter und Käsewürfel mischen und in die Pfännchen füllen. Die Eier mit der Milch verschlagen. Die Knoblauchzehe durch die Presse in den Milch-Eier-Guss drücken.
Mit Salz und Pfeffer herzhaft würzen und die Masse über das Gemüse geben. Im heißen Backofen bei 150 °C goldgelb backen.
Dazu passt eine Sauce aus saurer Sahne mit Schnittlauchröllchen und Blattsalat.

Gefüllte Gemüsezwiebeln

80 g Weizenkörner
350 ml Gemüsebrühe (instant)
4 Gemüsezwiebeln (à ca. 250 g)
Salz
100 g Emmentaler
1 Knoblauchzehe
1 Bund Petersilie
1 Ei
Pfeffer aus der Mühle
Kräuter zum Garnieren

Die Weizenkörner am Vortag in Wasser einweichen. Weizenkörner am nächsten Tag kurz unter fließendem Wasser abspülen und in einem Topf mit der Gemüsebrühe zum Kochen bringen. Die Weizenkörner zugedeckt bei milder Hitze ca. 1 Stunde ausquellen lassen.
Die Gemüsezwiebeln pellen und in wenig Salzwasser 5 Minuten kochen, abtropfen lassen. Von den Zwiebeln einen Deckel abschneiden und die Zwiebeln so aushöhlen, dass noch 2–3 Schichten der Außenhülle bestehen bleiben. Das ausgelöste Zwiebelfleisch und die Deckel in Würfel schneiden. Den Käse ebenfalls würfeln. Die Knoblauchzehe durch die Presse drücken.
Die Petersilie waschen und fein hacken. Zwiebelwürfel, Weizenkörner, Käse, Knoblauch und Petersilie in eine Schüssel geben und mit dem Ei vermischen. Das Ganze mit Salz und Pfeffer kräftig abschmecken.
Die Masse in die Zwiebeln füllen und im vorgeheizten Backofen bei 250 °C auf der unteren Einschubleiste ca. 10 Minuten backen. Die Zwiebeln mit Kräutern garniert servieren.

Käsespätzle

▷

300 g Weizenvollkornmehl
3 Eier
1 TL Meersalz
1 EL kaltgepresstes Sonnenblumenöl
150 ml Wasser
etwas Safran
30 g Butter
2 mittelgroße Zwiebeln
150 g geriebener Schnittkäse (evtl. Emmentaler)
3 EL gehackte Sonnenblumenkerne

Mehl, Eier, Salz, Öl, Wasser und Safran verrühren. Den Teig so lange schlagen, bis er Blasen wirft, dann auf ein mit kaltem Wasser abgespültes (Spätzle-)Brett streichen und mit einem breiten Messer dünne Teigstreifen in „leise" kochendes Salzwasser streichen.
Wenn die Spätzle an der Oberfläche schwimmen, herausnehmen und warm halten. Zwischenzeitlich die Butter erhitzen und die klein geschnittenen Zwiebeln darin goldgelb dünsten.
Spätzle mit Zwiebeln und Käse vermischen (evtl. nochmals im Backofen kurz überbacken, damit der Käse schmilzt) und mit leicht gerösteten Sonnenblumenkernen bestreuen.
Dazu passt Endivien-Tomaten-Salat.

Käsenocken auf Rosenkohlgemüse

250 g altbackene Brötchen
200 ml Milch
1 mittelgroße Zwiebel
10 g Butter
250 g Schwäbischer Raclette
500 g Rosenkohl
2 Eier
1 Eigelb
15 g Mehl
2 EL gehackte Kräuter (z. B. Petersilie, Schnittlauch)
Salz
Pfeffer
Muskat
50 g Schinkenspeck in Scheiben

Brötchen in dünne Scheiben schneiden und in der lauwarmen Milch aufweichen lassen. Die Zwiebel fein hacken und in der Butter weich dünsten.
Den Käse raspeln. Den Rosenkohl putzen, Strünke kreuzweise einschneiden und in Salzwasser garen.
Die zwei Eier und das Eigelb verrühren und mit dem Mehl, der gedünsteten Zwiebel, dem geraspelten Käse, gehackten Kräutern, Salz, Pfeffer und einer Prise Muskat zu den aufgeweichten Brötchen geben und alles zu einer glatten Masse verkneten. Mit einem Esslöffel Portionen abstechen, Nocken formen, in leicht kochendes Salzwasser geben und 10–15 Minuten sieden lassen, bis sie an der Oberfläche schwimmen.
Rosenkohl halbieren, auf vier Tellern anrichten und die Käsenocken darauf verteilen. Den Speck knusprig ausbraten und über die Käsenocken geben.

Kartoffelpfanne mit Käse

▷

750 g fest kochende Kartoffeln
300 g Möhren
300 g Porree
150 g Champignons
100 g Zwiebeln
125 g durchwachsener Speck
60 g Butterschmalz
Salz, Pfeffer
150 g Allgäuer Bergkäse
1 Bund Schnittlauch

Die gewaschenen Kartoffeln mit Schale ca. 25 Minuten kochen. In der Zwischenzeit die Möhren und den Porree putzen, waschen und in Scheiben bzw. Ringe schneiden. In kochendem Salzwasser ca. 2–3 Minuten blanchieren. Anschließend kalt abbrausen. Die Champignons putzen und halbieren oder vierteln. Die Zwiebeln schälen und achteln. Die Kartoffeln pellen und je nach Größe vierteln oder sechsteln. Den Speck in feine Streifen schneiden.

Butterschmalz in einer großen Pfanne erhitzen. Den Speck darin anbraten, herausnehmen und zur Seite stellen. Die Kartoffeln und das Gemüse portionsweise in dem Fett braten. Zusammen mit dem Speck wieder in die Pfanne geben, mit Salz und Pfeffer würzen. Den gewürfelten Käse darüber streuen, Deckel auflegen und bei schwacher Hitze den Käse schmelzen lassen. Mit Schnittlauchröllchen bestreut servieren.

Amaranth mit Bergkäse und Petersilie

250 g Amaranth (Reformhaus)
600 ml Gemüsebrühe
1 mittelgroße Zwiebel
2 Möhren
1 Knoblauchzehe
5 EL geriebener Bergkäse
1/2 Bund glatte Petersilie

Amaranth in kochende Gemüsebrühe geben, aufkochen lassen und ca. 30 Minuten garen. Die Zwiebel und die Möhren klein würfeln, die Knoblauchzehe zerdrücken, dazugeben und nochmals ca. 15–20 Minuten bei geringer Energiezufuhr kochen.
Die Hälfte des Käses und die geschnittene Petersilie unterrühren. Auf vorgewärmte Teller geben, mit dem restlichen Käse bestreuen und mit Butterflöckchen garnieren.

TIPP

Ergänzt mit einem Frischkostteller ein leckeres Hauptgericht.

Petersilien-Käseklößchen

▷

1 mittelgroße Zwiebel
10 g Pflanzenmargarine
150 g mittelfein geschrotete Hafergrütze
300 ml Gemüsebrühe
150 g geriebener Käse
2 Eier
2 EL Semmelbrösel
1 Bund glatte Petersilie, fein geschnitten
Meersalz
frisch gemahlener Pfeffer
1 Prise Schabziger Klee (Reformhaus)
50 g Butter
1 mittelgroße Möhre

Die Zwiebel würfeln und in heißem Fett andünsten. Hafergrütze zugeben, mit heißer Brühe angießen und bei geringer Energiezufuhr ca. 20 Minuten garen. Masse etwas abkühlen lassen, mit dem geriebenen Käse, Eiern und Semmelbröseln vermischen. Mit Petersilie, Meersalz, Pfeffer und Schabziger Klee abschmecken und ca. 20 Minuten quellen lassen. Masse mit zwei Esslöffeln (die zwischendurch in heißes Wasser getaucht werden sollten) abstechen und in kochendem Salzwasser ca. 10 Minuten garen, bis die Klößchen an der Oberfläche schwimmen. Abtropfen lassen und in heißer Butter schwenken. Mit Möhrenstreifen oder geriebenem Käse garnieren.

Spinatklößchen mit Käsesauce

500 g frischer Blattspinat
250 g Magerquark
2 Eier
140 g Weizenvollkornmehl (Reformhaus)
140 g Weizenvollkorngrieß
Meersalz
Pfeffer aus der Mühle
Muskat
50 g Butter
150 g Bergkäse
1/4 l Milch
2 EL fein gemahlenes Hirsemehl (Reformhaus)
1 Bund Schnittlauch
1 Knoblauchzehe
2 EL Crème fraîche

Den frischen Spinat waschen, putzen und in kochendem Salzwasser 2 Minuten blanchieren, gut abtropfen lassen. Den Spinat mit Quark, Eiern, Mehl und dem Grieß verrühren. Mit den Gewürzen abschmecken, evtl. noch etwas Mehl zugeben. Mit einem Esslöffel Nockerl abstechen, in kochendes Salzwasser gleiten lassen und bei geringer Hitze etwa 15 Minuten köcheln lassen. Dann mit einem Schaumlöffel herausnehmen und in der Butter schwenken. Für die Sauce den geriebenen Käse in der Milch schmelzen lassen. Das Hirsemehl einstreuen, die Sauce zum Kochen bringen und solange köcheln lassen, bis sie dicklich wird.
Mit dem gehackten Schnittlauch, dem zerdrückten Knoblauch, der Crème fraîche und den Gewürzen abschmecken.

Käse-Knödel mit Tomaten-Specksauce ▷

1 kg mehlig kochende Kartoffeln
100 g Mehl
3 Eigelb
1 EL Butter
1 TL Salz
200 g Edamer (gestiftelt)

Für die Sauce:
2 Zwiebeln
200 g durchwachsener Speck
1 EL Olivenöl
500 g reife Tomaten
Salz
Pfeffer

Die Kartoffeln als Pellkartoffeln gar kochen, schälen und noch heiß durch die Kartoffelpresse drücken. Kartoffelmasse, Mehl, Eigelb, Butter und Salz zu einem glatten Teig verarbeiten. Auf einer bemehlten Arbeitsfläche zu einer Rolle formen und in 20 Scheiben schneiden. In die Mitte jeder Scheibe die Edamer Stiftel geben, mit dem Teig umhüllen und zum Knödel formen. Die Knödel in reichlich kochendem Salzwasser 8–10 Minuten gar ziehen lassen, bis sie an der Oberfläche schwimmen.
Für die Sauce die Zwiebeln in Würfel und den Speck in Streifen schneiden und in heißem Olivenöl anbraten. Tomaten häuten, klein schneiden und dazugeben. Etwas einkochen lassen. Mit Salz und Pfeffer würzen und zu den Käseknödeln servieren.

Curryreis und Gemüse in Schmelzkäsesauce

250 g Langkornreis
30 g Margarine
650 ml Brühe
1 Bund Frühlingszwiebeln
200 g Möhren
30 g Butter
2 EL Curry
Salz, Pfeffer
200 g Schmelzkäse-Schale „Kräuter“
150 g gekochter Schinken
2 EL gehackte Petersilie

Reis in der Margarine anbraten, mit Brühe auffüllen und zugedeckt 15–20 Minuten bei mittlerer Hitze garen. Inzwischen die Frühlingszwiebeln in Ringe schneiden und waschen. Möhren putzen, schälen und in schmale Stifte schneiden. Frühlingszwiebeln und Möhren in der Butter andünsten und 5 Minuten schmoren lassen. Reis mit Curry, Salz und Pfeffer würzen. Schmelzkäse unterrühren. Schinken in schmale Streifen schneiden. Gemüse und Schinken mit dem Reis mischen. Alles auf einem Teller anrichten. Mit Petersilie bestreuen.

Buchweizen-Kartoffelklöße mit Harzer-Roller-Füllung ▷

Für die Klöße:

500 g Kartoffeln (mehlige Sorte)
2 Lauchzwiebeln
1 Knoblauchzehe
1 EL Deutsche Markenbutter
1/2 Bund Petersilie
1/2 Bund Majoran
100 g Buchweizenmehl
100 g Mehl (Type 405)
2 Eier
1 TL Salz
125 g Harzer Roller

50 g Deutsche Markenbutter
2 EL Buchweizen (ganz)

Die Kartoffeln am Vortag in der Schale garen und heiß pellen. Durch die Kartoffelpresse drücken und abkühlen lassen. Am nächsten Tag die Lauchzwiebeln mit 1/3 des Grüns in Ringe schneiden, Knoblauch schälen. Lauchzwiebelringe in der Butter andünsten, Knoblauch dazupressen. Petersilie und Majoran waschen und fein hacken. Zwiebelmischung, Kräuter, Buchweizenmehl, Mehl, Eier und Salz mit den zerdrückten Kartoffeln vermengen. Kloßteig 20 Minuten ruhen lassen. Harzer Roller in 16 Stücke schneiden. In einem breiten Topf reichlich Wasser mit Salz zum Kochen bringen. Hitze reduzieren, das Wasser soll sich nur leicht bewegen. Mit feuchten Händen einen Probekloß formen, mit einem Harzer-Roller-Stück füllen und ins Wasser geben. Kloß in 15 Minuten gar ziehen lassen. Sollte der Kloß auseinander fallen, weiteres Mehl unter die Masse kneten. So insgesamt 16 Klöße formen, mit den Harzer-Roller-Stücken füllen und 15 Minuten gar ziehen lassen. Fertige Klöße abtropfen lassen, warm stellen.
In einer Pfanne die Butter aufschäumen lassen und den Buchweizen darin hellbraun rösten und zu den Klößen servieren.
Dazu passt Tomatensalat.

Gefüllte Chinakohlblätter mit Käsecreme

1 Chinakohl
125 g Bavariablu-Käse
2 EL Zwetschgenwasser
weißer Pfeffer
1/8 l geschlagene Sahne
2 EL Walnusskerne

Chinakohl putzen, in Blätter zerlegen. Innere, schmale Blätter waschen und abtropfen lassen. Auf einer Platte anrichten. Käse mit Zwetschgenwasser glatt rühren und pfeffern. Sahne unterheben. Die Käsecreme auf die Chinakohlblätter verteilen. Mit Walnusskernen garnieren.

Allgäuer Schupfnudeln

▷

500 g mehligkochende Kartoffeln
1 Bund Schnittlauch
100 g Mehl
1 Ei
1 Eigelb
Salz
Muskatnuss
350 g Wirsing
150 g Schinkenspeck
1 Zwiebel
1 EL Margarine
1 Becher Frischkäse „Sahne" (150 g)
Pfeffer
Zitronensaft
1 EL Butter
1/2 Bund glatte Petersilie

Kartoffeln schälen, in Salzwasser kochen und durch die Kartoffelpresse drücken. Schnittlauch waschen und in Röllchen schneiden. Kartoffelmasse mit Schnittlauch, Mehl, Ei und Eigelb mischen und mit Salz und Muskatnuss würzen. Wasser in einem großen Topf zum Kochen bringen. Kartoffelteig zu kleinen, fingerdicken Schupfnudeln rollen und in siedendem Wasser portionsweise garen. Anschließend abtropfen lassen. Wirsing putzen, waschen, in Streifen schneiden und in kochendem Salzwasser 3 Minuten blanchieren. Schinkenspeck und Zwiebel in Würfel schneiden und in der Margarine anbraten. Wirsingstreifen und 1/4 l des Kochwassers hinzufügen und 2 Minuten köcheln lassen. Frischkäse „Sahne" unterrühren und mit Salz, Pfeffer, Muskatnuss und Zitronensaft abschmecken. In einer zweiten Pfanne Butter auslassen und Schupfnudeln goldgelb braten. Petersilie waschen und klein schneiden. Schupfnudeln mit Wirsingstreifen mischen, Petersilie darüber geben und auf einem Teller anrichten.

Sauerkraut mit Käse

10 g ungehärtete Pflanzenmargarine (Reformhaus)
1 mittelgroße Zwiebel
250 g Frischkostsauerkraut
2 mittelgroße, gekochte Pellkartoffeln
etwas Gemüsebrühe (aus Extrakt)
Pfeffer
gemahlener und ganzer Kümmel
20–30 g geriebener Käse
Schnittlauch

Fett erhitzen und die gewürfelte Zwiebel darin andünsten. Anschließend das Sauerkraut zugeben. Die Kartoffeln schälen, in sehr dünne Scheiben schneiden, mit dem Sauerkraut vermengen und mit etwas Gemüsebrühe angießen. 10–15 Minuten dünsten, mit Pfeffer und Kümmel abschmecken und den geriebenen Käse locker unterheben. Mit Schnittlauch bestreuen.

Sommergemüse mit Käse-Sesam-Klößchen ▷

150 g Erbsen
250 g Bohnen
250 g Möhren
150 g Lauch
250 g Zucchini
2 EL Butter oder ungehärtete Pflanzenmargarine
1 mittelgroße Zwiebel
Meersalz
Blattpetersilie

Für die Klößchen:
120 ml Milch
50 ml Sahne
100 g Weizenvollkornmehl
2 EL Sesam
1 großes Ei
100 g geriebener Emmentaler
etwas Meersalz
etwas Muskat

Gemüse putzen, waschen und zerteilen. Butter oder Pflanzenmargarine erhitzen, darin die klein geschnittene Zwiebel andünsten und tropfnasse Erbsen, Bohnen und Möhren zugeben. Etwa 5 Minuten dünsten, dann die Lauchringe und die Zucchini zugeben und nochmals 10 Minuten dünsten. Mit Meersalz und frischer Blattpetersilie abschmecken. Zwischenzeitlich Milch und Sahne zum Kochen bringen, Mehl und Sesam zugeben. Ei und Käse ebenfalls unterrühren, bis sich der Kloß vom Boden löst. Mit Salz und Muskat abschmecken. Ca. 1 l Wasser in einem flachen Topf mit etwas Salz zum Kochen bringen, mit zwei Löffeln aus dem Teig kleine Klößchen abstechen und in das kochende Wasser geben. Wenige Minuten bei geringer Energiezufuhr kochen, bis die Klößchen oben schwimmen. Die Käseklößchen auf dem Gemüse verteilen und servieren.

Erbsen mit Speck und Eiern

1 Zwiebel
1 Scheibe Speck
3 EL Olivenöl
450 g TK-Erbsen
Salz
1 Tasse Brühe
4 Eier
3 EL Semmelbrösel
3 EL geriebener Pecorino

Die Zwiebel in dünne Ringe, den Speck in Würfel schneiden.
In einer Kasserolle das Öl erhitzen und den Speck darin auslassen. Die Erbsen dazugeben und salzen.
Zugedeckt bei schwacher Hitze in etwa 15 Minuten garen, dabei, falls nötig, etwas Brühe angießen.
Die Eier mit den Semmelbröseln und dem Käse gut verquirlen, kurz vor dem Servieren unter die Erbsen mischen und stocken lassen.

Gemüse-Käse-Strudel

▷

(für 8 Personen)

Für den Teig:
300 g Dinkelvollkornmehl (leicht ausgesiebt)
2 kleine Eier
4 EL kaltgepresstes Sonnenblumenöl
1 Prise Meersalz

Für die Füllung:
1 Kohlrabi
300 g Möhren
2 Stängel Staudensellerie
2 Stangen Lauch
1/2 Packung TK-Erbsen (150 g)
1 Tasse Sojasprossen
40 g Butter oder Margarine
1 TL Kurkumawurzel
2 Eier
1 Bund Petersilie
150 g Schnittkäse (gerieben)
schwarzer Pfeffer
2 EL Erdnüsse
1 Eigelb

Mehl, Eier, Öl, Salz und ca. 100 ml Wasser verrühren. Mit der Hand kneten, bis ein geschmeidiger Teig entsteht. Dünn mit Öl einpinseln und ca. 30 Minuten ruhen lassen. Kohlrabi und Möhren grob reiben, Sellerie und Lauch fein schneiden. Erbsen und Sojasprossen kurz blanchieren, abtropfen lassen. Gemüse im Fett ca. 5 Minuten andünsten, mit Kurkumapulver bestäuben. Etwas abkühlen lassen.
2 Eier und gehackte Petersilie, Käse, Pfeffer und Erdnüsse zugeben und alles miteinander vermischen. Teig auf einem bemehlten Tuch zu einem Rechteck ausrollen und mit beiden Händen auf ca. 50 mal 60 cm ausziehen. Füllung darauf geben, rundherum einen ca. 5 cm breiten Rand frei lassen. Den Teig mit Hilfe des Tuches vorsichtig aufrollen, die Seiten nach unten einschlagen und auf ein mit Backpapier ausgelegtes Blech legen. Eigelb mit wenig Wasser verrühren und den Strudel damit bestreichen. Im vorgeheizten Backofen bei ca. 200 °C ca. 40 Minuten backen. Vor dem Aufschneiden 5 Minuten ruhen lassen.

Fenchel in Sahnesauce

4 Fenchelknollen (800 g)
100 g Butter
Salz
1/2 Tasse Sahne
5 EL frisch geriebener Parmesankäse

Vom Fenchel die Stiele, den Wurzelansatz und die harten Rippen an den Außenblättern entfernen. Die Knollen waschen und der Länge nach in 6 Stücke teilen.
5 Minuten in kochendem Wasser blanchieren, dann abtropfen lassen. In einer flachen Kasserolle die Butter schmelzen lassen. Den Fenchel hinzufügen, salzen und zugedeckt bei schwacher Hitze weich schmoren. Bei Bedarf etwas Sahne zugeben. Nach Beendigung der Garzeit den Käse darüber streuen und zugedeckt ziehen lassen, bis er geschmolzen ist.

Gemüse-Lasagne mit Sonnenblumenkernen ▷

40 g Butter
30 g Vollkorn-Weizenmehl
½ l Milch
200 g Gorgonzola-Käse
Salz, weißer Pfeffer
250 g Tomaten
250 g Stangensellerie
2 mittelgroße Zwiebeln
2 EL Öl
500 g Spinat
200 g Champignons
1 Packung (250 g) Vollkorn-Lasagne-Platten
50 g Sonnenblumenkerne

Butter zergehen lassen, Mehl darin anschwitzen, Milch einrühren und den Käse darin schmelzen. Anschließend die Sauce würzen. Tomaten und Sellerie putzen, waschen und in Scheiben schneiden. Zwiebeln schälen, hacken und mit dem Sellerie in 1 EL heißem Öl dünsten. Spinat verlesen und waschen. Pilze putzen, hacken und mit dem restlichen Öl anbraten. Den Spinat zufügen, zusammenfallen lassen und anschließend würzen. Den Boden einer Auflaufform mit etwas Sauce bedecken. Lasagneplatten, Tomaten, Sellerie, Sauce und Pilz-Spinat-Gemüse abwechselnd einschichten. Mit Lasagne und Sauce abschließen. Die Sonnenblumenkerne darüberstreuen und im vorgeheizten Backofen bei 200 °C 45–50 Minuten backen.

Gefüllte Paprika in Tomatensauce

4 Paprikaschoten
500 g Tomaten
5 Zweige Basilikum
1 Bund Petersilie
1 Zwiebel
100 g Salami
8 EL Olivenöl
100 g Semmelbrösel
75 g frisch geriebener Parmesan
Salz
schwarzer Pfeffer
1 EL Kapern

Von den Paprika am Stielende eine Kappe abschneiden. Die Schoten putzen, waschen und abtropfen lassen. Die Tomaten enthäuten, halbieren und das Fruchtfleisch grob hacken.
Basilikum und Petersilie waschen und trockentupfen.
Die Zwiebel schälen und mit der Petersilie fein hacken.
Die Salami fein würfeln. In einer Kasserolle 3 EL Olivenöl erhitzen. Die Zwiebel und Petersilie 5 Minuten anbraten, dann die Semmelbrösel kurz mitbraten. Salamiwürfel und Käse untermischen. Mit Salz und Pfeffer würzen.
Die Paprika mit der Farce füllen. In einer Kasserolle 2 EL Öl erhitzen. Die Tomaten 10 Minuten dünsten, dann in eine Gratinform gießen. Das Basilikum zerpflücken und mit den Kapern in die Sauce geben.
Mit Salz und Pfeffer abschmecken.
Die gefüllten Paprikaschoten in die Form stellen, mit dem restlichen Öl beträufeln.
Im vorgeheizten Ofen bei 180 °C etwa 1 Stunde garen.

Gemüseecken mit Käseguss

▷

(für 2 Bleche = 36 Gemüseecken)

Für den Teig:

500 g Mehl
1 Würfel Frischhefe (42 g)
1 TL Zucker
6 EL lauwarmes Wasser
1 1/2 TL Salz
1 Msp. Pfeffer
6–7 EL Pflanzenöl
1/8 l lauwarmes Wasser

Für den Belag:

6 Eier
1 1/2 TL Salz
1 Msp. Pfeffer
4 Zehen Knoblauch
200 g geriebener Emmentaler
2 Becher Crème fraîche (à 200 g)
1–2 EL Milch
2 EL gehackte Kräuter (z. B. Schnittlauch, Petersilie, Kresse, Dill, je nach Jahreszeit frisch oder tiefgefroren)
200 g Lauch
200 g rote Paprika (2 mittelgroße Schoten)
1 Dose Mais (326 g)

Für den Teig Mehl in eine Schüssel geben, eine Mulde hineindrücken. Die zerbröckelte Hefe, Zucker und Wasser in die Mulde geben, zu einem Vorteig verrühren. Die Schüssel zudecken und den Vorteig an einem warmen Ort 15 Minuten gehen lassen. Dann alle übrigen Zutaten zum Vorteig geben und diesen zu einem glatten Teig verarbeiten. 20 Minuten gehen lassen. Den Teig halbieren, auf zwei gefettete Bleche geben und ausrollen. Nochmals 20 Minuten an einem warmen Ort gehen lassen.
Für den Belag Eier, Salz, Pfeffer, gepressten Knoblauch, Käse, Crème fraîche, Milch und gehackte Kräuter verrühren (der Käseguss sollte nicht zu flüssig sein).
Lauch und Paprika putzen, Lauch in Ringe und Paprika in Streifen schneiden. Maiswasser abgießen. Lauch, Paprika und Mais mischen und auf dem Teig verteilen, jeweils die Hälfte des Käsegusses darüber geben.
Bei 200 °C im vorgeheizten Backofen auf mittlerer Schiene 45–55 Minuten backen. Die Kuchen zweimal längs und zweimal quer in 9 Quadrate schneiden. Jedes Quadrat nochmals quer halbieren, sodass pro Blech 18 Dreiecke entstehen. Warm oder kalt servieren.

TIPP

Je nach Geschmack und Jahreszeit können die Gemüseecken auch mit anderem Gemüse (Brokkoli, Zucchini, Champignons, Cocktailtomaten) belegt werden.

Tomaten-Auberginen-Gemüse

600 g Auberginen
Salz
600 g reife, feste Tomaten
6–7 EL Olivenöl
Pfeffer
Öl zum Braten
100 g frisch geriebener Parmesankäse
2 EL Semmelbrösel

Von den Auberginen die Stiele abschneiden. Die Früchte waschen und quer in 1 cm dicke Scheiben schneiden. Auf ein Sieb geben, mit Salz bestreuen und 30 Minuten ruhen lassen.
Die Tomaten waschen, von den Stängelansätzen befreien und in Scheiben schneiden. Diese zwischen zwei Lagen Küchenkrepp ausbreiten, mit der flachen Hand leicht dagegendrücken, damit das Papier die Feuchtigkeit aufnimmt.
In einer großen Pfanne 2 EL Olivenöl erhitzen. Die Tomatenscheiben bei starker Hitze auf beiden Seiten kurz braten, dann auf eine Platte legen, mit Salz und frisch gemahlenem Pfeffer würzen.
Die Auberginenscheiben mit Wasser abbrausen, ausdrücken, mit Küchenkrepp trockentupfen. Genügend neutrales Öl in der Pfanne erhitzen und die Auberginenscheiben darin portionsweise auf beiden Seiten goldbraun braten. Dann auf doppelt gelegtem Küchenkrepp ausbreiten, um überschüssiges Bratfett zu entfernen.
Den Backofen auf 180 °C vorheizen. Eine feuerfeste Form mit 1 EL Olivenöl ausstreichen. Lagenweise Auberginen und Tomatenscheiben einfüllen, dabei jede Schicht reichlich mit Parmesankäse bestreuen. Die letzte Schicht bilden Parmesankäse und die Semmelbrösel, die mit dem restlichen Olivenöl beträufelt werden. Im vorgeheizten Backofen etwa 30 Minuten überbacken.

Abb. S. 113
Krauttorte mit Allgäuer Emmentaler
(Rezept S. 114)

Überbackenes – Köstlichkeiten aus dem Ofen

Käseauflauf

3–4 Eier
130 g geriebener Käse (45 % F. i. Tr.)
2–3 EL kaltgepresstes Sonnenblumenöl
2 EL Vollkornmehl
3–4 EL Milch
etwas Salz

Eier trennen, Eiweiß aufschlagen. Eigelb mit geriebenem Käse vermischen. Öl dazugeben, Mehl und Milch unterziehen, mit etwas Salz abschmecken. Zum Schluss den Eischnee locker unterheben. Die Masse in eine ausgefettete Form geben und im vorgeheizten Backofen bei 200–230 °C etwa 30 Minuten goldgelb backen. Der Auflauf kann noch mit Kräutern, geschnittenen Pilzen oder Tomatenstücken vermischt werden.

Krauttorte mit Allgäuer Emmentaler *(Abb. S. 113)*

Für den Teig:
100 g Speisequark 20 % Fett i. Tr.
1 kleines Ei
2 EL Öl
150 g Weizenmehl
1 TL Backpulver
1/2 TL Salz

Für den Belag:
1 kleiner Kopf Weißkohl
2 Zwiebeln
2 säuerliche Äpfel
25 g Zucker
40 g Butter
2 Knoblauchzehen
2 EL Paprikapulver, edelsüß
Salz, weißer Pfeffer
1 EL Apfelessig
1 Bund Petersilie
250 g Allgäuer Emmentaler
3 Eier
200 g Sauerrahm

Für den Teig Quark mit dem Ei und dem Öl verquirlen und die übrigen Zutaten unterkneten. In Folie gehüllt 30 Minuten ruhen lassen. Für die Füllung den Kohl vierteln, den Strunk entfernen und die Blätter quer in dünne Scheiben schneiden. Die Zwiebeln schälen und fein würfeln, die Äpfel schälen und achteln. Den Zucker in einem breiten Topf zu goldgelbem Karamell schmelzen, die Butter hinzufügen. Den Kohl, die Zwiebeln und den durchgepressten Knoblauch darin bei mittlerer Hitze andünsten, dabei öfters umrühren. Mit Paprika, Salz und Pfeffer würzen, die Äpfel darauf legen und im geschlossenen Topf 20 Minuten dünsten. Zum Schluss Essig und gehackte Petersilie untermischen. Das Ganze auskühlen lassen. Den Teig ausrollen, eine gefettete Springform von 24 cm Durchmesser damit auskleiden. Den Backofen auf 200 °C vorheizen. Den Käse in 1 x 1 cm große Würfel schneiden, die Eier mit Sauerrahm verquirlen und alles mit dem Kohl vermischen. Die Füllung auf den Teig geben und sofort auf der mittleren Schiene ca. 40 Minuten backen, bis die Torte eine goldgelbe, knusprige Oberfläche hat.

Überbackenes Schwarzwurzelragout ▷

1 kg Schwarzwurzeln
100 g Weizenmehl
2 EL Essig
Salz
400 g Saftschinken in Scheiben
60 g Margarine
125 g Schlagsahne
weißer Pfeffer
Muskatnuss, gerieben
100 g Edamer oder Gouda, gerieben

Die Schwarzwurzeln schälen, in ca. 5 cm große Stücke schneiden und in Wasser, dem man die Hälfte des Mehls und den Essig untergerührt hat, beiseite stellen. Die Schwarzwurzelstücke in Salzwasser ca. 10 Minuten kochen, anschließend abgetropft in eine feuerfeste, gefettete Form geben. Den Saftschinken klein schneiden und untermischen.
Die Margarine für die Sauce in einer Pfanne auf kleiner Flamme schmelzen, restliches Mehl darin goldgelb anschwitzen, mit Sahne aufgießen, soviel kochende Schwarzwurzelflüssigkeit zugeben, bis eine cremige Sauce entsteht. Bei mäßiger Hitze 5 Minuten kochen und mit Salz, Pfeffer und geriebener Muskatnuss abschmecken.
Die Sauce über das Schwarzwurzel-Schinken-Gemisch gießen, mit dem Käse bestreuen und bei 220 °C im vorgeheizten Backofen ca. 15 Minuten überbacken.

Schwarzwurzel-Kartoffel-Gratin

500 g Schwarzwurzeln
Salz
4 EL Essig
500 g Kartoffeln
1 Bund Schnittlauch
200 g Butterkäse, mild
2 Eigelb
200 g Crème fraîche
weißer Pfeffer
20 Walnusskernhälften

Die Schwarzwurzeln unter fließendem Wasser schälen und schräg in dünne Scheiben schneiden. In 500 ml kaltes Salzwasser mit Essig legen. Darin zum Kochen bringen und bei kleiner Hitze 15 Minuten zugedeckt garen. Anschließend abgießen. In der Zwischenzeit die Kartoffeln schälen und in feine Scheiben schneiden. 5 Minuten in kochendes Salzwasser geben, dann abtropfen lassen. Den Schnittlauch waschen, trockenschütteln und in Röllchen schneiden. Den Butterkäse in Scheiben, dann in Stücke schneiden. Eigelb und Crème fraîche mischen. Salzen und pfeffern. Das Gemüse in einer flachen, feuerfesten Form schichten, jede Lage mit Nüssen und Schnittlauch bestreuen, mit Käse belegen und mit Crème fraîche begießen, bis alle Zutaten verbraucht sind. Im vorgeheizten Ofen bei 200 °C ca. 20 Minuten überbacken.

Spinat-Frittata

▷

200 g gekochter Schinken
2 Zwiebeln
2 EL Butter
2 Packungen TK-Blattspinat (à 450 g)
6 Eier
100 g Parmesan, gerieben
10 gehäufte EL Instant-Flocken
Salz, Pfeffer
Knoblauchpulver
Muskatnuss, gerieben
Butter für das Backblech
3 EL Blütenzarte Haferflocken für das Backblech

Den Schinken klein schneiden. Die Zwiebeln schälen und ebenfalls klein schneiden. Die Butter in einem Topf zerlassen und Schinken sowie Zwiebeln andünsten. Spinat dazugeben und langsam unter gelegentlichem Umrühren auftauen lassen. Inzwischen die Eier mit dem Parmesan und den Instant-Flocken verschlagen, die leicht abgekühlte Spinatmasse unterheben und mit den Gewürzen abschmecken.

Ein Backblech fetten, mit Blütenzarten Haferflocken bestreuen und die Spinatmasse darauf geben, gleichmäßig verstreichen und mit Butterflöckchen belegt im vorgeheizten Backofen bei 200 °C auf der mittleren Einschubleiste in ca. 25 Minuten backen.
Etwas auskühlen lassen und erst dann in Stücke teilen.

Spinat-Gratin

300 g mehlig kochende Kartoffeln
Salz
60 g Butter
100 g Parmesan, gerieben
50 g gekochter Schinken in dünnen Scheiben
500 g Spinat, geputzt und gewaschen
2–3 EL Semmelbrösel

Die Kartoffeln in reichlich Salzwasser kochen, schälen und durch die Presse drücken. Etwas salzen und mit der Hälfte der Butter und dem größten Teil des Parmesans vermischen. In eine gefettete, feuerfeste Form streichen. Den Schinken in Streifen schneiden und gitterartig über das Püree legen.
Den noch feuchten Spinat ohne weitere Flüssigkeit in einen dicht schließenden Topf geben, erhitzen und etwas zusammenfallen lassen. Die entstandene Flüssigkeit abgießen. Mit etwas Butter vermischen, salzen und den restlichen Parmesan hinzufügen. Diese Masse auf das Püree und die Schinkenstreifen geben.
Mit Semmelbröseln bestreuen und Butterflöckchen darauf verteilen.
Den Backofen auf 220 °C vorheizen und das Gratin ca. 15 Minuten überbacken.

Spinatpfannkuchen-Turm

▷

Für den Teig:
200 g Weizenvollkornmehl
3 Eier
1/4 l Milch
1/8 l Mineralwasser
Salz
Butterschmalz zum Ausbacken

Für die Füllung:
1 Bund Lauchzwiebeln
1 Knoblauchzehe
1 EL Butter
2 Packungen TK-Spinat (à 300 g)
Salz
Pfeffer
3 EL Sonnenblumenkerne
150 g Gouda
Backpapier

Mehl, Eier, Milch, Mineralwasser und Salz zu einem glatten Teig verrühren und 30 Minuten quellen lassen. In der Zwischenzeit die Lauchzwiebeln putzen, waschen und in Ringe schneiden. Den Knoblauch schälen, die Butter in einem Topf erhitzen und die Zwiebelringe darin andünsten. Den Knoblauch hineinpressen, TK-Spinat zufügen und nach Packungsanweisung garen. Mit Salz und Pfeffer herzhaft abschmecken, dann beiseite stellen.

Die Sonnenblumenkerne in einer Pfanne ohne Fett hellbraun rösten und beiseite stellen. Den Gouda reiben. Ein Backblech mit Backpapier auslegen.
Aus dem Teig in heißem Butterschmalz nacheinander acht Pfannkuchen backen, diese schichtweise mit Spinat, Sonnenblumenkernen und Gouda belegt auftürmen. Den obersten Pfannkuchen mit Käse bestreuen. Das Blech in den Backofen schieben und bei 200 °C ca. 20 Minuten backen.
Dazu schmeckt Tomaten-, Gurken- oder Radicchiosalat.

Gratin Savoyer Art

750 g Kartoffeln
1 Knoblauchzehe
Butter
300 ml Gemüsebrühe
Salz
Pfeffer
Muskatnuss, gerieben
100 g Greyerzerkäse, gerieben

Die Kartoffeln in ca. 5 mm dicke Scheiben schneiden. Die Knoblauchzehe schälen und zerdrücken. Eine flache, feuerfeste Form damit ausreiben und gut buttern. Die heiße Brühe hineingießen, die Hälfte der Kartoffeln zufügen und mit Salz, Pfeffer und Muskatnuss würzen. Mit der Hälfte des Käses bestreuen, die restlichen Kartoffeln hinzugeben, würzen und den übrigen Käse sowie die in Flöckchen geschnittene Butter darüber verteilen. Mit Alufolie abdecken.
Den Backofen auf 200 °C vorheizen und das Gratin ca. 90 Minuten garen lassen. Die Alufolie entfernen und das Gratin noch ca. 5 Minuten backen.

Fenchelauflauf mit Käsekruste ▷

ca. 800 g Fenchel
1 mittelgroße Zwiebel
4 EL Olivenöl, kaltgepresst
einige Fenchelkörner
einige Korianderkörner
Salz
Pfeffer
1 kleine Dose Tomaten
2 Stängel glatte Petersilie
½ Becher Crème fraîche
3 EL Zitronensaft
100 g Bergkäse, gerieben
4 EL Semmelbrösel

Den Fenchel putzen, waschen und in Streifen schneiden. Das Fenchelgrün klein hacken und beiseite stellen. Die Zwiebel schälen, in Würfel schneiden und mit den Fenchelstreifen in heißem Olivenöl andünsten. Mit zerstoßenen Fenchel- und Korianderkörnern, Salz und Pfeffer würzen. Die Tomaten mit dem Saft zugeben und ca. 15 Minuten einkochen lassen. Die Petersilie waschen, trockenschütteln und klein hacken. Mit der Crème fraîche und dem Zitronensaft zum Fenchel geben und in eine gefettete Auflaufform füllen. Den Käse mit den Semmelbröseln und dem gehackten Fenchelgrün mischen und über den Fenchel streuen. Im vorgeheizten Backofen bei 220 °C ca. 20 Minuten überbacken.

Kohlrabiauflauf

800 g Kohlrabi
Salz
200 g gekochter Schinken
60 g Butter
2 gestrichene EL Mehl
¼ l Milch
weißer Pfeffer, frisch gemahlen
2 Messerspitzen Muskatnuss, gerieben
100 g Emmentaler, gerieben
1 Bund Petersilie

Die Kohlrabi schälen, in feine Streifen schneiden und diese in siedendem Salzwasser ca. 20 Minuten nicht zu weich garen. In ein Sieb geben, gut abtropfen lassen und den Sud auffangen. Den Schinken klein würfeln. 40 g Butter in einem Topf zerlassen, das Mehl nach und nach zufügen, und gut mit der Butter mischen. Unter ständigem Rühren die Milch und 200 ml Gemüsesud zugießen, aufkochen, mit Pfeffer und Muskatnuss pikant abschmecken und ca. 10 Minuten sieden lassen. Den Kohlrabi in eine gebutterte Auflaufform füllen, Schinkenwürfel darüber geben, mit der Sauce übergießen, den Käse darüber streuen und die übrige Butter in Flöckchen darauf setzen. Den Auflauf im vorgeheizten Backofen bei 220 °C ca. 30 Minuten überbacken. Die Petersilie waschen, trockenschütteln, fein hacken und über den Auflauf streuen.

Wirsingrouladen in Käsesauce

▷

1 kleiner Wirsing
Salz
1 kleine Sellerieknolle
2 Möhren
1 Eigelb
1 TL Weinessig
80 g Schnittkäse, gerieben
2 Eiweiß

Für die Sauce:
20 g Butter
1 EL Weizenvollkornmehl
Muskatnuss, gerieben
Hefestreuwürze (Reformhaus)
1 EL Zitronensaft
80 g Schnittkäse, gerieben
1 Eigelb

Butter für die Form

Vier große oder acht kleine Wirsingblätter in Salzwasser ca. 3 Minuten blanchieren.
Vom restlichen Wirsingkopf den Strunk entfernen und mit dem geputzten, in Stücke geschnittenen Sellerie und den geputzten Möhren ca. 15 Minuten im Wirsingwasser garen. Abtropfen lassen und etwas Kochwasser zurückbehalten.
Das Gemüse pürieren und mit dem Eigelb, Essig und drei Esslöffeln geriebenem Käse verrühren. Das Eiweiß steif schlagen und unterheben. Die ausgebreiteten Wirsingblätter mit der Masse bestreichen und aufrollen.

Für die Sauce die Butter erhitzen, das Mehl darin anschwitzen und unter Rühren ca. 250 ml Gemüsebrühe darüber gießen. Aufkochen lassen und würzen, dann den Käse und das Eigelb unterrühren.
Die Rouladen in eine gebutterte Form geben, die Käsesauce darüber gießen und ca. 20 Minuten bei 200 °C im vorgeheizten Ofen überbacken.
Dazu schmeckt Kartoffelpüree oder Pellkartoffeln.

Rosenkohlauflauf

600 g Rosenkohl
500 g Kartoffeln
80 g durchwachsener Speck
250 g Schlagsahne
1 Ei
1 EL Wacholderbeeren
Salz
Pfeffer aus der Mühle
100 g Parmesan, frisch gerieben

Den Rosenkohl putzen und waschen, die Kartoffeln schälen und in dünne Scheiben schneiden, den Speck fein würfeln und in einer Pfanne auslassen.
Die Sahne mit dem Ei verquirlen, die Wacholderbeeren fein hacken und mit Salz und Pfeffer unterrühren.
Die Kartoffelscheiben und den Rosenkohl in eine flache, feuerfeste Form geben, den Speck darüber streuen, mit der Eiersahne übergießen und mit dem Käse bestreuen.
Den Auflauf im vorgeheizten Ofen bei 225 °C auf der zweiten Einschubleiste von unten ca. 40 Minuten überbacken. Heiß servieren.

Puszta-Auflauf

▷

250 g Makkaroni
Salz
100 g roher Schinken in Scheiben
800 g Paprikaschoten (rot und grün)
1 Bund Petersilie
1 Bund Schnittlauch
2 Packungen Gartenkresse
300 g Jogurt
150 g Crème fraîche
3 Eier
je 1 TL Salbei und Thymian
Pfeffer
300 g Edamer, gestiftelt
Butter für die Form

Die Makkaroni in reichlich Salzwasser kochen. Den Schinken klein schneiden. Die Paprika waschen, halbieren, Kerne und Trennwände entfernen und das Gemüse klein schneiden. Petersilie, Schnittlauch und, Kresse waschen, trockenschütteln und klein hacken. Die Paprika 5 Minuten in Salzwasser blanchieren. Jogurt mit Crème fraîche, Eiern, Salbei, Thymian, Petersilie, Salz und Pfeffer verrühren; 200 g Käse untermischen. Eine Auflaufform einfetten, Makkaroni, Kresse, Schinken und Paprika abwechselnd in die Form schichten, wobei die letzte Schicht aus Paprika bestehen sollte. Die einzelnen Schichten mit Pfeffer und Salz würzen und mit Edamer-Jogurt-Sauce begießen. Mit den restlichen Käsestifteln bestreuen und bei 200 °C im vorgeheizten Ofen 45 Minuten überbacken. Mit Schnittlauchröllchen garnieren.

Hackfleisch-Käse-Püree *(Titelbild)*

500 g Kartoffeln
125 g Schlagsahne
125 g Kräuter-Schmelzkäse
1/8 l Fleischbrühe
400 g gemischtes Hackfleisch
2 Zwiebeln
Fett zum Anbraten
1 Glas Paprikastreifen
1 Bund Petersilie
1 Bund Majoran
2 Knoblauchzehen, gepresst
Salz, Pfeffer, Muskatnuss
Kümmel- und Nelkenpulver
200 g Sahne-Schmelzkäse
Butter für die Form

Kartoffeln 20 Minuten kochen, schälen, durch eine Kartoffelpresse drücken. Sahne mit Kräuter-Schmelzkäse und Fleischbrühe verrühren, mit Salz, Pfeffer und Muskatnuss abschmecken. Hackfleisch mit gehackten Zwiebeln in Fett anbraten. Paprikastreifen abtropfen lassen, zum leicht gebräunten Fleisch geben. Petersilie und Majoran fein hacken, mit dem Knoblauch zum Fleisch geben. Alles gut vermischen, mit Salz, Pfeffer, Kümmel und Nelken abschmecken. Eine Auflaufform mit Butter einfetten. Die Hälfte des Pürees in die Form geben, die Hackfleischmasse darüber verteilen, mit dem restlichen Püree zudecken. Schmelzkäse darüber streichen und im vorgeheizten Ofen bei 200 °C ca. 20 Minuten überbacken.

Lasagne mit Ricotta

Für die Füllung:
250 g Ricotta
75 g Sonnenblumenkerne, fein gehackt
3 EL Parmesan, frisch gerieben
2 kleine Eier
1 Bund Basilikum, fein gehackt (ersatzweise Petersilie)
etwas Thymian und Oregano, fein gehackt
Pfeffer aus der Mühle

Außerdem:
250 g Mozzarella
Sonnenblumenöl für die Form
500 g Tomatensauce
250 g vorgegarte grüne Lasagneblätter
2 EL Sonnenblumenkerne zum Bestreuen

Alle Zutaten für die Füllung gut miteinander verrühren. Mit Pfeffer würzen. Den Mozzarella in dünne Scheiben schneiden. Den Boden einer gefetteten, feuerfesten Form mit Tomatensauce bedecken. Lasagneblätter, Ricottamasse, Tomatensauce und Mozzarellascheiben in dieser Reihenfolge abwechselnd in die Form füllen, bis alles aufgebraucht ist. Mit Mozzarellascheiben abschließen und das Ganze mit Sonnenblumenkernen bestreuen. Den Backofen auf 180 °C vorheizen, die Lasagne auf die mittlere Einschubleiste stellen und 25 Minuten überbacken. Vor dem Servieren einige Minuten stehen lassen, damit sich die einzelnen Schichten „setzen" können.
Dazu gemischten Blattsalat mit Kräutervinaigrette reichen.

Pfannkuchenauflauf

150 g Buchweizenmehl
250 ml Mineralwasser, kohlensäurehaltig
6 Eier
1 Prise Salz
6 EL Öl
1 Gemüsezwiebel
1/2 Bund Salbei
1/2 Bund Rosmarin
500 g Schweinemett
100 g Höhlenkäse, gehobelt
Pfeffer aus der Mühle
Muskatnuss, gerieben
Butter für die Form

Mehl, Mineralwasser, zwei Eier und Salz zu einem Teig verrühren. Das Öl in einer Pfanne erhitzen und aus dem Teig nacheinander acht dünne Pfannkuchen backen. Die Zwiebel schälen und klein würfeln. Die Kräuter waschen, trockenschütteln und fein hacken. Das Mett mit den Zwiebelwürfeln, der Hälfte der Kräuter und 60 g Käse vermengen. Mit Salz, Pfeffer und Muskatnuss abschmecken. Aus dem Mett acht Rollen formen, und in die Pfannkuchen wickeln. Eine flache, feuerfeste Form einfetten und die Pfannkuchen hineingeben. Die übrigen Eier verquirlen und über die Pfannkuchen gießen. Mit dem restlichen Käse und den Kräutern bestreuen. Im vorgeheizten Backofen bei 200 °C auf der zweiten Einschubleiste von unten ca. 35 Minuten überbacken.

Hackfleisch-Mozarella-Lasagne

▷

(für 4–6 Personen)

Für das Hackfleisch-ragout:
1 Knoblauchzehe
1 Zwiebel
3 EL Öl
600 g Hackfleisch, gemischt
Salz
schwarzer Pfeffer aus der Mühle
1 Lorbeerblatt
1/4 l Brühe
850 g Tomaten, geschält (aus der Dose)
1 EL Petersilie, gehackt

12 grüne Lasagneblätter

Für die Bechamelsauce:
30 g Butter
30 g Mehl
1/2 l Milch
Salz
weißer Pfeffer aus der Mühle
Muskatnuss, gerieben
250 g Mozzarella
80 g Parmesan, gerieben
30 g Butter in Flöckchen

Knoblauchzehe und Zwiebel schälen und fein hacken. Im heißen Öl anschwitzen, das Hackfleisch zugeben und so lange braten, bis es grau und krümelig geworden ist. Die Gewürze, die Brühe, die Tomaten mit Saft und die Petersilie dazugeben und zum Kochen bringen.
Die Nudelblätter in reichlich Salzwasser mit 1 EL Öl „al dente" kochen, abgießen, kurz kalt abbrausen und auf Tüchern auslegen.
Für die Bechamelsauce die Butter und das Mehl hellgelb anschwitzen, die Milch aufgießen und mit dem Schneebesen kräftig rühren. 5 bis 6 Minuten kochen lassen. Mit Salz, Pfeffer und Muskatnuss abschmecken. Den Mozzarella in Scheiben schneiden. Eine feuerfeste Form ausfetten und eine Lage Lasagneblätter hineinlegen.
Löffelweise Hackfleisch und Bechamelsauce daüber verteilen und mit Pfeffer und Parmesan würzen.
Wiederholen, bis alle Zutaten aufgebraucht sind. Die letzte Nudelschicht mit Bechamelsauce dick einstreichen und die Butterflöckchen darüber verteilen.
Die Form in den auf 190 °C vorgeheizten Ofen stellen und die Lasagne ca. 35 Minuten backen.

TIPP

Mozzarella wurde ursprünglich aus Büffelmilch hergestellt. Heute verwendet man dazu normalerweise pasteurisierte Kuhmilch. Sein milder Geschmack, der an frische Milch erinnert, passt hervorragend zu Tomaten, Basilikum und anderen frischen Zutaten der italienischen Küche.

Herzhafter Frischkäsestrudel

▷

250 g Mehl
1/8 l warmes Wasser
4 EL Sonnenblumenöl
Salz
1 große Zwiebel
1 EL Sonnenblumenöl
200 g gekochter Schinken
250 g Champignons
1 Bund Petersilie
1 Becher Sahne-Frischkäse (150 g)
2 EL Tomatenmark
2 Eier
Pfeffer
Muskatnuss, gerieben
Mehl zum Ausrollen
1 Eigelb und 2 EL Milch zum Bestreichen
Butter für das Backblech

Das Mehl mit Wasser, Öl und einer Prise Salz gut vermischen und 10 Minuten verkneten. Den Teig abgedeckt in einer Schüssel an einer warmen Stelle ruhen lassen. Den Backofen auf 200 °C vorheizen. Die Zwiebel schälen, würfeln und in Sonnenblumenöl glasig dünsten. Den Schinken in Würfel schneiden, die Champignons putzen, in Scheiben schneiden und mit den Zwiebelwürfeln anbraten. Die Petersilie waschen, trockenschütteln und fein hacken. Den Frischkäse mit Tomatenmark und Eiern verrühren, mit Salz, Pfeffer und Muskatnuss würzen. Ein großes Leinentuch mit Mehl bestreuen, den Strudelteig darauf mit dem Nudelholz vorsichtig ausrollen und dünn auseinander ziehen. Dabei mit den Händen unter den Teig fassen und über den Handrücken von der Mitte aus dehnen. Den Teig mit der Frischkäsemischung bestreichen, Zwiebel-Champignon-Mischung darüber geben und mit Petersilie und Schinkenwürfeln bestreuen. Die Teigränder einschlagen, das Tuch vorn anheben, damit sich der Teig aufrollt. Eigelb und Milch verquirlen und den Strudel damit bestreichen. Den Strudel auf ein gefettetes Backblech setzen und ca. 40 Minuten backen.

TIPP

Frischkäse entsteht durch Säuern und Dicklegen (Stocken) von pasteurisierter Milch mit Milchsäurebakterien und durch den Zusatz von Lab (Enzyme). In der Regel wird Frischkäse aus Kuhmilch gewonnen, er kann aber auch aus Schafs- oder Ziegenmilch hergestellt werden.

Käse-Sprossen-Tarte

▷

Für den Teig:
180 g Weizenvollkornmehl
80 g Butter
1 Ei
etwas Wasser
Salz
Butter für die Form

Für den Belag:
150 g saure Sahne
150 g Crème fraîche
3 Eier
2 Eigelb
1 EL Vollkornmehl
100 ml Milch
Salz
schwarzer Pfeffer
Muskatnuss, gerieben
250 g Hartkäse, gerieben (z. B. Gouda, Edamer)
4 EL Rettichsprossen (Reformhaus)

Das Mehl mit der Butter, dem Ei, 4 bis 5 EL Wasser und dem Salz zu einem Teig verarbeiten. Gut kneten und eine Stunde kühl stellen.
Saure Sahne, Crème fraîche, Eier, Eigelb, Mehl und Milch miteinander verquirlen. Mit Salz, Pfeffer und Muskatnuss abschmecken.
Eine Springform (26 cm Durchmesser) ausfetten und mit dem Teig auslegen.
Den Käse auf dem Teig verteilen, dann die Sprossen darüber geben. Die Sahne-Eimasse darüber gießen und die Tarte im vorgeheizten Ofen bei 200 °C ca. 35 Minuten backen.

Artischocken mit Greyerzer

4 große Artischocken
4 EL Zitronensaft
Salz
150 g Greyerzer, fein gerieben
2 EL Petersilie, fein gehackt
2 frische Estragonzweige
40 g Butter
weißer Pfeffer aus der Mühle
2 Messerspitzen Muskatnuss

Die Artischocken waschen, den Stiel und die untersten Blätter entfernen, die übrigen Blätter zurückschneiden und mit Zitronensaft beträufeln. In reichlich siedendem Salzwasser mit dem übrigen Zitronensaft ca. 40 Minuten sieden. Gut abtropfen lassen. Die innersten Blätter und das Heu sorgfältig entfernen. Den Käse mit den fein gehackten Krätuern mischen, die Butter zerlassen und hinzufügen. Alles pikant mit Salz, Pfeffer und Muskatnuss würzen.
Die Mischung in die Artischocken füllen und diese im vorgeheizten Ofen bei 180 °C ca. 25 Minuten golden gratinieren.

Würziger Käsekuchen

▷

(ergibt 12 Stück)

Für den Teig:
125 g Mehl
75 g Instant-Flocken
1/2 gestrichener TL Backpulver
1 Prise Salz
120 g Butter
1 Ei

Für den Belag:
250 g gekochter Schinken
250 g Gouda
250 g Champignons
1 Zwiebel
2 Eier
1/8 l Milch
1/8 l Kondensmilch
1 Prise Salz
40 g Instant-Flocken
50 g Butter

Mehl, Instant-Flocken und Backpulver auf ein Backbrett geben. Darauf Salz, weiche Butter und das Ei verteilen. Alles zu einem glatten Teig verkneten und 20 Minuten kühl stellen.
Eine Springform von 26 cm Durchmesser fetten und den Boden mit 2/3 des Teigs auslegen. Aus dem Rest eine Rolle formen, die etwa 3 cm am Formenrand hochgedrückt wird. Den Boden mehrmals mit einer Gabel einstechen, dann bei 200 °C auf der unteren Einschubleiste vorbacken, bis er braun zu werden beginnt.
In der Zwischenzeit den Schinken klein würfeln, den Käse reiben, die geputzten Champignons in Scheiben schneiden und die abgezogene Zwiebel klein hacken. Alles miteinander mischen. Die Eier mit der Milch, der Kondensmilch, Salz und den Instant-Flocken verschlagen. Die vorbereiteten Zutaten auf dem vorgebackenen Boden verteilen, die Eiermilch darüber gießen und mit Butterflöckchen belegen. Bei 220 °C auf der mittleren Einschubleiste ca. 45 Minuten backen.

TIPP

Gouda wird in unterschiedlichen Altersstufen angeboten: jung, mittelalt und alt. Der Reifegrad reicht von zwei Wochen bis zu einem Jahr. Je älter der Gouda wird, desto fester wird er, und sein Geschmack wird ausgeprägter und würziger.

Käse-Mohn-Kartoffeln

▷

800 g Kartoffeln
1 EL kaltgepresstes Sonnenblumenöl oder Mohnöl (Reformhaus)
80 g Emmentaler, gerieben
schwarzer Pfeffer aus der Mühle
2 EL Mohn
Hefewürze (Reformhaus)
2 EL Schnittlauch

Die Kartoffeln gut bürsten, der Länge nach durchschneiden (dicke Kartoffeln in dicke Scheiben schneiden) und auf ein gefettetes Backblech setzen. Die Schnittflächen der Kartoffeln dünn mit Öl einpinseln und im vorgeheizten Backofen bei 225 °C ca. 20 Minuten garen. In der Zwischenzeit Käse, Pfeffer, Mohn und Hefewürze vermischen. Auf den Schnittflächen der Kartoffeln verteilen. Die Ofentemperatur auf 180 °C reduzieren und die Kartoffeln ca. 10 Minuten überbacken. Schnittlauch waschen, trockenschütteln und in Röllchen schneiden. Die Käse-Mohn-Kartoffeln damit bestreuen. Dazu passt ein Frischkostteller.

Käsenocken

Für den Brandteig:
300 ml Wasser
1 Prise Salz
100 g Butter
100 g Mehl
5 Eier
100 g geriebener Gouda, mittelalt
zum Garziehen 2 Liter Salzwasser

Für die Sauce:
3 mittelgroße Zwiebeln
40 g Butter
125 g Tomatenketschup
125 g Schlagsahne
Pfeffer aus der Mühle
1 Prise Salz
100 g geriebener Gouda, alt

Das Wasser mit dem Salz und der Butter zum Kochen bringen. Vom Herd nehmen und die gesamte Mehlmenge hineingeben. Den Topf wieder auf den Herd stellen und den Teig so lange schlagen, bis er sich als Kloß vom Topf löst. Etwas abkühlen lassen, nacheinander die Eier und den Käse unterrühren. Mit zwei Teelöffeln den abgekühlten Brandteig abstechen und in das leicht kochende Salzwasser geben. Die Nocken ca. 10 Minuten darin ziehen lassen.
In der Zwischenzeit die Zwiebeln schälen und fein hacken. Die Butter in einer Pfanne zerlassen und die Zwiebeln darin glasig dünsten. Ketschup, Sahne und Gewürze zufügen und die Sauce abschmecken. Eine feuerfeste Form buttern, die Nocken mit dem Schaumlöffel aus dem Wasser in die Form geben. Die Sauce darüber gießen und dick mit dem Gouda bestreuen. Im vorgeheizten Backofen bei 200 °C ca. 20 Minuten backen.

Kartoffelgratin

▷

1 kg Kartoffeln, fest kochend
Salz
Butterschmalz
1 Bund Lauchzwiebeln oder
2 dünne Lauchstangen
125 g Schlagsahne
1/8 l Milch
2 Eier
Salz
weißer Pfeffer aus der Mühle
80 g Emmentaler, gerieben

Die Kartoffeln schälen und in sehr dünne Scheiben schneiden. Die Scheiben in kochendes Salzwasser geben und 15 Minuten vorgaren.
Eine feuerfeste Form mit etwas Butterschmalz ausstreichen. Die Lauchzwiebeln waschen und in dünne Ringe schneiden (Lauchstangen gründlich waschen, in Ringe schneiden und kurz mit in das Salzwasser geben). Die Kartoffeln auf einem Sieb gut abtropfen lassen.
Sahne, Milch, Eier, Gewürze und Käse gut verrühren. Die Kartoffeln und Zwiebel- bzw. Lauchringe in der feuerfesten Form verteilen.
Die Eier-Käse-Milch darüber gießen und 1 TL Butterschmalz in Flöckchen darauf verteilen. Im vorgeheizten Ofen auf der mittleren Einschubleiste bei 200 °C ca. 35 Minuten backen. Die Oberfläche soll goldgelb sein.
Das Gratin passt hervorragend zu gebratenem Fleisch und grünem Salat.

Gnocchi

800 g Pellkartoffeln
3 Eier
60 g Butter
4 gehäufte EL Paniermehl
80 g Parmesan, fein gerieben
Salz
weißer Pfeffer aus der Mühle
Muskatnuss, gerieben
4 gehäufte EL Mehl
80 g Emmentaler, fein gerieben

Die noch heißen Kartoffeln schälen und durch ein Sieb pressen. Die Eier verquirlen, 20 g zerlassene Butter, die Hälfte des Paniermehls und einen Esslöffel Parmesan hinzufügen. Mit Salz, Pfeffer und Muskatnuss abschmecken.
Abwechselnd das Mehl und die Eimischung mit der Kartoffelmasse vermengen, zu einem glatten Teig verarbeiten und zugedeckt 30 Minuten ruhen lassen.
Mit leicht bemehlten Händen Gnocchi formen, diese in schwach kochendem Salzwasser blanchieren, bis sie an die Oberfläche kommen. Mit einer Schaumkelle aus dem Topf heben, in eine gebutterte Gratinform geben, mit dem übrigen Paniermehl und dem Käse bestreuen.
Mit Butterflocken belegen und im vorgeheizten Ofen bei 250 °C ca. 5 Minuten goldgelb gratinieren.
Dazu schmeckt eine pikante Sauce aus frischen Tomaten.

Polenta mit Mozzarella

Für die Polenta:
1 l Wasser
Salz
200 g Maisgrieß

Für die Füllung:
1 Zwiebel
1 Knoblauchzehe
2 EL Öl
500 g Hackfleisch
500 g passierte Tomaten
2 EL Tomatenmark
2 Fleischtomaten
Salz
weißer Pfeffer aus der Mühle
Majoran
Oregano

Butter zum Ausstreichen
30 g Parmesan, gerieben
250 g Mozzarella

Für die Polenta Wasser und Salz aufkochen, den Maisgrieß einrieseln lassen und mit dem Schneebesen kräftig rühren. Die Hitze reduzieren und alles ca. 50 Minuten garen. Die Hälfte der Polenta ca. 1 cm dick auf ein Arbeitsbrett streichen.
Für die Füllung Zwiebel und Knoblauchzehe pellen und fein hacken. Das Öl in einem Topf erhitzen und die Zwiebel und den Knoblauch darin anschwitzen. Das Hackfleisch zugeben und krümelig braten. Die Tomaten und das Tomatenmark hinzufügen und köcheln lassen. Die Fleischtomaten abziehen, halbieren, Stielansätze entfernen und das Fruchtfleisch klein schneiden. Mit den Gewürzen zum Hackfleisch geben und ca. 10 Minuten weiterköcheln.
Eine feuerfeste Form mit Butter ausstreichen, die restliche Polenta einfüllen und glatt streichen. Die Hälfte der Füllung darüber verteilen und die Hälfte vom Parmesan darüber streuen.
Den Mozzarella in Scheiben schneiden und 1/3 auf dem Parmesan verteilen.
Die auf das Arbeitsbrett gestrichene Polenta in 1,5 cm breite und 4 cm lange Streifen schneiden.
Die Polentastreifen und den übrigen Mozzarella sowie das Ragout auf der Oberfläche verteilen. Den restlichen Parmesan darüber streuen. Im vorgeheizten Ofen bei 200 °C ca. 30 Minuten backen.

Abb. S. 143
Schollenfilet mit Leerdammer
(Rezept S. 144)

Fisch und Fleisch – Zart und bekömmlich

Herzhafte Crêpes

▷

1/8 l Milch
1 Ei
3 gehäufte EL Mehl
1/4 TL Salz
2 Frühlingszwiebeln
200 g Frischkäse
Salz
Pfeffer
100 g Räucherlachs
etwas Öl für die Pfanne
Dill

Die Milch mit dem Ei verquirlen. Mehl und Salz gleichmäßig unterrühren, den Teig 30 Minuten ruhen lassen. Die Frühlingszwiebeln putzen, waschen und in sehr feine Ringe schneiden. Mit dem Frischkäse verrühren und mit Salz und Pfeffer abschmecken. Den Räucherlachs in feine Streifen schneiden. Eine beschichtete Pfanne leicht fetten. Darin nacheinander vier dünne Crêpes backen. Die Crêpes vorsichtig mit der Frischkäsemasse bestreichen, die Räucherlachsstreifen darauf verteilen und zu Vierteln falten.
Mit Dillfähnchen garniert servieren.

Schollenfilet mit Leerdammer *(Abb. S. 143)*

12 Schollenfilets (ca. 600 g)
Salz
180 g Leerdammer
Butter für die Form

Für die Sauce:
1 Zwiebel
250 g Champignons
2 EL Butter
4 EL Mehl
200 ml Weißwein
200 g Schlagsahne
2 Eigelb
Salz
Pfeffer

Zum Garnieren:
Petersilie
1 Zitrone

Den Fisch mit Salz bestreuen. Den Leerdammer in Scheiben schneiden. Jede Scheibe Käse in ein Schollenfilet einrollen. Die Fischröllchen in vier gefettete Auflaufformen legen.
Für die Sauce die Zwiebel schälen und klein schneiden. Die Champignons in Scheiben schneiden. Die Butter in einem Topf zerlassen, Zwiebel und Champignons zufügen und ca. 5 Minuten in der Butter bräunen. Das Mehl dazugeben und das Ganze 2 Minuten langsam garen lassen. Unter ständigem Rühren den Wein, die Sahne und das verquirlte Eigelb hinzufügen. Solange rühren, bis eine dickgebundene Sauce entsteht. Mit Salz und Pfeffer abschmecken. Die Sauce über den Fisch geben.
Den Fisch auf der mittleren Einschubleiste im vorgeheizten Backofen bei 175 °C ca. 25 Minuten gar werden lassen.
Die Petersilie waschen, trockenschütteln und fein hacken. Die Zitrone in Scheiben schneiden. Den Fisch vor dem Servieren mit Zitronenscheiben und Petersilie garnieren.

Fischfilet mit Landana-Senf-Kruste

▷

2 Scheiben Toastbrot
2 EL Senfkörner
2 Bund Dill
100 g Landana, gerieben
1 Ei
750 g Schmorgurken
1 Zwiebel
50 g Butter
3 EL Mehl
1/8 l Gemüsebrühe
250 g Schmant
2 EL mittelscharfer Senf
Salz
weißer Pfeffer
4 Rotbarschfilets (à 200 g)
2 EL Zitronensaft

Das Toastbrot zerbröseln. Die Senfkörner grob zerstoßen oder im Mixer zerkleinern. Den Dill waschen, trockenschütteln und fein schneiden. Brot, Senfkörner, Landana, die Hälfte des Dills und das Ei vermischen.
Die Gurken schälen, halbieren und die Kerne mit einem Löffel entfernen. Die Gurken in Scheiben schneiden. Die Zwiebel schälen und würfeln. Die Butter in einer Pfanne erhitzen, die Gurken darin ca. 4 Minuten andünsten und herausnehmen. Die Zwiebel im Fett glasig dünsten, mit Mehl bestäuben und anschwitzen. Mit Brühe ablöschen.
Schmant, Senf und restlichen Dill unterrühren, aufkochen und mit Salz und Pfeffer würzen.
Die Fischfilets waschen, mit Zitronensaft beträufeln und mit Salz würzen. Gurken und Sauce in eine feuerfeste Form geben, den Fisch darauf legen und mit der Brot-Käse-Mischung bestreichen. Im vorgeheizten Backofen bei 200 °C ca. 25 Minuten überbacken.

Heilbuttspieße mit Käse

750 g Heilbuttfilet
2 EL Zitronensaft
Salz
1 Salatgurke
10 Scheiben Schmelzkäse
2 EL Mehl

Für den Ausbackteig:
200 g Mehl
1/8 l Bier
1 Ei
1 EL Olivenöl
1 TL Zucker
1 TL Salz
Backfett oder -öl

Das Heilbuttfilet unter fließend kaltem Wasser abspülen, trockentupfen und in gleich große Stücke von ca. 5 cm Durchmesser schneiden. Mit Zitronensaft beträufeln und mit Salz bestreuen. Kurz ziehen lassen. Die Gurke mit Schale in ca. 8 mm dicke Scheiben schneiden, die Käsescheiben halbieren und zusammenklappen.
Abwechselnd Fisch, Käse und Gurke auf Spieße stecken und in Mehl wenden.
Die Zutaten für den Ausbackteig verrühren und die Spieße darin wenden. In heißem Fett schwimmend oder in einer Pfanne goldbraun backen.
Dazu schmeckt Salat der Saison.

Gebackenes Fischfilet auf Mangold ▷

600 g Kartoffeln
Salz
500 g Mangold
600 g Kabeljaufilet
1 EL Zitronensaft
Pfeffer
150 g Bergkäse
2 Eier
100 g Crème fraîche
50 g Butter
1 kleine Tomate

Kartoffeln mit Schale in Salzwasser kochen, pellen und in Scheiben schneiden. Mangold gründlich putzen, waschen, 3 Minuten blanchieren, kalt abschrecken und abtropfen lassen. Fischfilet in Stücke schneiden, mit Zitronensaft beträufeln, leicht salzen und pfeffern. Den Bergkäse reiben. Die Eier mit Crème fraîche und 2 bis 3 EL Wasser verquirlen. Die Hälfte des Käses darunter mischen. Eine hitzebeständige Form mit 10 g Butter ausstreichen. Die Kartoffelscheiben einschichten. Mit etwas Pfeffer würzen. Eine Hälfte der Käsecreme darüber verteilen und den geschnittenen Mangold darauf schichten. Die restliche Butter schmelzen, über das Gemüse gießen, leicht salzen und pfeffern. Die Fischstücke auf dem Gemüse verteilen, mit der restlichen Käsecreme bedecken und mit dem übrigen geriebenen Käse bestreuen. Im vorgeheizten Backofen bei 220 °C ca. 25 Minuten backen.
Mit feinen Tomatenstreifen garnieren.

Lengfisch im Käsemantel

1 Lengfisch (ca. 1,5 kg)
2 EL Zitronensaft
Salz
Butter für die Form
1 große Zwiebel
1 EL Mehl
2 EL Semmelmehl
2–3 EL Reibkäse
125 g saure Sahne
4 große Tomaten
etwas Butter
1/2 Bund Petersilie, gehackt

Den Fisch unter fließend kaltem Wasser gründlich abspülen, mit Küchenpapier trockentupfen, mit Zitronensaft beträufeln und salzen. Kurz ziehen lassen. Eine feuerfeste Form buttern. Die Zwiebel schälen und klein würfeln. Den Fisch in die Form legen und mit den Zwiebelwürfeln bestreuen. Mehl, Semmelmehl, Reibkäse und Sahne zu einer Sauce verrühren und den Fisch damit überziehen. Die Tomaten kreuzweise einschneiden, etwas Salz und Butter hineingeben und das Gemüse um den Fisch anordnen. Die Form in den vorgeheizten Ofen stellen und den Fisch bei 200 °C ca. 30 Minuten garen. Mit Alufolie bedecken, wenn der Fisch zu schnell braun wird. Den Lengfisch auf einer vorgewärmten Platte mit den Tomaten anrichten, mit Petersilie bestreuen.
Dazu schmecken Dillkartoffeln oder Kartoffelpüree und gemischter Salat.

Sandwich mit Lachs und Valfrais

▷

(ergibt 8 Stück)

300 g TK-Blattspinat
Salz
2 Knoblauchzehen
2 EL Olivenöl
8 Scheiben Kastenweißbrot
150 g Räucherlachsscheiben
100 g Valfrais
1 Spritzer Zitronensaft
Pfeffer

Den Blattspinat auftauen und in kochendem Salzwasser 2 Minuten blanchieren. Abtropfen, abkühlen lassen und gut ausdrücken. Die Knoblauchzehen schälen und zerdrücken. Das Olivenöl mit dem Knoblauch verrühren.
Die Weißbrotscheiben beidseitig damit einstreichen, nebeneinander auf ein Backblech legen und bei 180 °C ca. 10 Minuten rösten. Die Lachsscheiben in kleine Quadrate schneiden und mit Valfrais unter den Spinat mischen. Mit Zitronensaft und Pfeffer abschmecken.
Spinat-Valfrais-Mischung auf vier geröstete Weißbrotscheiben verteilen, mit den restlichen Scheiben zuklappen und die Brote diagonal zu je zwei Dreiecken schneiden.

Lachs mit Käsehaube

150 g Kartoffeln
1 Scheibe Lachsfilet 1½ cm dick (ca. 400 g)
Salz, Pfeffer
Zitronensaft
150 g TK-Blattspinat
100 g Gouda
1 EL Crème fraîche
2 TL Senf
Muskatnuss, gerieben
2 Eiweiß
1 Knoblauchzehe
2 Schalotten
Fett für die Form
3 EL Mandelblättchen
4 EL Weißwein
1 EL Butter

Die Kartoffeln in Salzwasser kochen. Fischfilet kalt abwaschen, trockentupfen, leicht salzen und pfeffern und mit Zitronensaft beträufeln. Den Spinat auftauen, die Kartoffeln pellen und durchpressen. Den Käse würfeln. Kartoffelmasse und Käsewürfel mit Crème fraîche, Senf, Muskatnuss, Salz und Pfeffer verrühren. Das Eiweiß steif schlagen und unterziehen.
Den Spinat auf Klarsichtfolie auf ca. dreifache Filetgröße ausbreiten, mit Folie abdecken und mit einem Nudelholz flachdrücken. Die Folie wegnehmen. Knoblauchzehe und Schalotten abziehen und fein würfeln. Auf dem Spinat verteilen, das Filet darauf legen und in den Spinat wickeln. Folie entfernen und das Ganze mit der Naht nach unten in eine gefettete Auflaufform legen. Mit der Kartoffelmasse bestreichen. Mit Mandelblättchen bestreuen, Wein darüber gießen und mit Butterflöckchen belegen. Im vorgeheizten Ofen bei 175 °C 30 Minuten backen.

Gefüllte Nudelblätter mit Räucherlachs ▷

4 Lasagneblätter
Salz
1 Stange Lauch
200 g Frischkäse
2 EL Crème fraîche
1 EL Zitronensaft
Salz
weißer Pfeffer
8 Scheiben Räucherlachs

Die Lasagneblätter in reichlich kochendem Salzwasser nach Packungsanweisung gar kochen. In der Zwischenzeit den Lauch putzen, die einzelnen Blätter ablösen, gründlich waschen und in kochendem Salzwasser ca. 3 Minuten blanchieren. Kalt abschrecken und gut abtropfen lassen. Vier Lauchblätter in 16 Streifen schneiden und beiseite legen. Den Frischkäse mit Crème fraîche und Zitronensaft verrühren. Mit Salz und Pfeffer abschmecken. Die Nudelblätter vorsichtig abgießen, sodass sie nicht beschädigt werden. Nebeneinander auf eine Arbeitsfläche legen und mit dem Lauch belegen. Die Frischkäsemasse darauf streichen und die Nudelblätter halbieren, sodass Quadrate entstehen. Auf jedes Quadrat eine Scheibe Räucherlachs geben und die Nudelblätter längs halbieren. Die gefüllten Lasagneblätter mit den Lauchstreifen dekorativ zusammenbinden und servieren.

Fischfilet Florentiner Art

800 g Dorschfilet
Salz
Pfeffer
Zitronensaft
Mehl
2 EL Öl
250 g junger Spinat
Butter
375 ml Mornaysauce
5 EL Reibkäse

Die Fischfilets unter fließend kaltem Wasser abspülen, mit Küchenpapier trockentupfen und mit Salz, Pfeffer und Zitronensaft ca. 30 Minuten marinieren. Anschließend in Mehl wenden und rasch in heißem Öl auf beiden Seiten anbraten.

Den zarten, jungen Spinat putzen, gründlich waschen und in Streifen von 1/2 cm schneiden.

Die Butter in einer Pfanne zerlassen und den Spinat kurz darin schwenken. Das Gemüse salzen und pfeffern und den Boden einer feuerfesten Form damit auslegen. Die Fischfilets in die Form geben, mit einer dicken Mornaysauce überziehen, mit Reibkäse und Butterflocken bestreuen.

Den Backofen auf 200 °C vorheizen, die Form hineinstellen und den Fisch ca. 30 Minuten goldbraun überbacken.

Dazu schmecken Salzkartoffeln.

Rotbarsch im Blätterteigmantel

▷

250 g TK-Blätterteig
2 Fenchelknollen
1/4 l Gemüsebrühe
20 g Butter
1 gehäufter TL Mehl
Salz, Pfeffer
1 Spritzer Zitronensaft
Mehl zum Ausrollen des Teigs
200 g Edamer
4 Rotbarschfilets (à 100 g)
1 Eigelb
1 EL Milch

Die Blätterteigscheiben auftauen lassen. Fenchelgrün waschen und hacken, die Fenchelknollen putzen, achteln und in der Gemüsebrühe 8 Minuten blanchieren. Den Fenchel abtropfen lassen, die Brühe aufheben. Die Butter in einer Pfanne erhitzen, das Mehl darin anschwitzen, die Fenchelbrühe einrühren, etwas einkochen lassen und mit Salz, Pfeffer und Zitronensaft abschmecken. Fenchelgrün und Fenchel in die Sauce geben. Die Blätterteigplatten übereinander legen, auf einer bemehlten Arbeitsfläche ausrollen, in vier Vierecke schneiden und auf ein gefettetes Backblech legen. Die Teigvierecke mit 150 g Edamer bestreuen, wobei ein Rand frei bleiben muss. Die Fischfilets von beiden Seiten salzen und pfeffern. Fisch und Fenchelgemüse auf die Teigvierecke verteilen. Das Eigelb mit der Milch verquirlen und die Ränder der Teigquadrate damit einpinseln. Teigecken zur Mitte einschlagen und festdrücken. Mit dem restlichen Eigelb bestreichen und den übrigen Käse darüber verteilen. Bei 200 °C ca. 30 Minuten backen.

Linguine mit Lachs

(für 6 Personen)

150 g Räucherlachs
2 Knoblauchzehen
4 EL Olivenöl
60 g schwarze Oliven
300 g Schlagsahne
200 g passierte Tomaten
Salz
Oregano
500 g Linguine (schmale Bandnudeln)

Den Lachs in dünne Streifen schneiden. Den Knoblauch schälen und fein hacken. Mit dem Olivenöl in einer Pfanne erhitzen. Sobald der Knoblauch Farbe annimmt den Lachs zufügen, umrühren und die entkernten, in Stücke geschnittenen Oliven dazugeben. Mit der Sahne binden, die passierten Tomaten untermischen und mit Salz und Oregano würzen.
Die Linguine in reichlich Salzwasser garen, abtropfen lassen und mit der Sauce übergießen.

Kalbsröllchen Emmentaler Art

▷

8 dünne Kalbsschnitzel (à 125 g)
Salz
Pfeffer
1 TL Tomatenmark
2 TL Senf
8 Scheiben Emmentaler-Schmelzkäse
1 EL Butterschmalz
1/8 l Instant-Brühe
1 Bund Petersilie
1 Zwiebel
2 Gewürzgurken
2 Becher Jogurt (à 150 g)
2 gehäufte TL Tomatenmark
1 EL Zitronensaft
2 TL Speisestärke
Paprikapulver, edelsüß
1 Prise Zucker

Die Kalbsschnitzel dünn klopfen, leicht salzen und pfeffern. Das Tomatenmark mit dem Senf verrühren, die Mischung dünn auf die Schnitzel streichen, mit jeweils einer Scheibe Schmelzkäse belegen und aufrollen. Mit Spießchen feststecken.
Das Butterschmalz in einer Pfanne erhitzen und die Röllchen von allen Seiten kräftig anbraten. 10 Minuten mit geschlossenem Deckel schmoren lassen.
Das Fleisch aus der Pfanne nehmen und warm stellen. Den Bratensatz mit Brühe ablöschen und aufkochen lassen. Die Petersilie waschen und trockenschütteln, die Zwiebel schälen und beides klein hacken. Mit den klein gehackten Gurken, Jogurt, Tomatenmark und Zitronensaft verrühren und die Mischung zum Bratensaft geben.
Die Speisestärke in etwas kaltem Wasser anrühren und die Sauce damit binden.
Mit Salz, Paprikapulver und Zucker abschmecken.
Die Kalbsröllchen zur Sauce geben und ohne zu kochen noch 10 Minuten ziehen lassen.
Dazu passen Reis und Salat.

Kalbsrouladen

4 Kalbsschnitzel (à 150 g)
Salz
Pfeffer
8 frische Salbeiblätter
150 g roher Schinken in 4 Scheiben
125 g Parmesan am Stück
30 g Butter
2 EL Olivenöl

Das Kalbfleisch ein wenig klopfen, leicht salzen und pfeffern. Auf jede Scheibe zwei Salbeiblätter legen. Hierauf je eine Scheibe Schinken geben und den Parmesan in kleinen dünnen Scheiben darüber legen. Das Fleisch zusammenrollen und gut feststecken. Butter und Öl in einem Topf erhitzen und die Kalbsrouladen kurz auf allen Seiten scharf anbraten. Anschließend zugedeckt noch ca. 3 Minuten ziehen lassen.
Dazu schmeckt frischer Salat der Saison.

Rinderfilet mit Käse-Schnittlauch-Sauce ▷

1/8 l trockener Weißwein
1 Zwiebel
1 Knoblauchzehe
8 Pfefferkörner
400 g Rinderfilet aus dem Mittelstück
600 g Brokkoli
Salz
150 g Schlagsahne
1 TL mittelscharfer Senf
80 g Edelpilzkäse
Pfeffer aus der Mühle
1 Bund Schnittlauch
20 g Butter
1 EL Sonnenblumenkerne

1/8 l Wasser und den Wein in einen Topf geben. Die Zwiebel und den Knoblauch schälen. Zwiebel vierteln, Knoblauch halbieren. Beides mit den Pfefferkörnern zum Wein geben und zum Kochen bringen. Das Rinderfilet auf einen Siebeinsatz legen und in den Topf stellen. Den Deckel auflegen und das Filet ca. 20 Minuten im Dampf garen. Den Brokkoli waschen, putzen und in leicht gesalzenem Wasser ca. 8 Minuten garen. Das Rinderfilet auf einen Teller legen und mit Alufolie abdecken. Den Sud durchsieben und auf die Hälfte einkochen lassen. Sahne, Senf und den in kleine Würfel geschnittenen Edelpilzkäse einrühren. Cremig einkochen lassen und mit reichlich Pfeffer abschmecken. Den Schnittlauch waschen, trockenschütteln, in Röllchen schneiden und unter die Sauce rühren. Den Brokkoli abgießen und in der Butter schwenken. Die Sonnenblumenkerne in einer Pfanne rösten und zufügen. Filet in Scheiben schneiden und mit dem Gemüse servieren.
Dazu schmecken Salzkartoffeln oder Kartoffelpüree.

Rinderhacksteaks mit würziger Käsesauce

(für 2 Personen)

1 EL Olivenöl
30 g Butter
1 Zwiebel
3 EL Schlagsahne
Salz
Pfeffer
1 Spritzer Balsamico
300 g mageres Rinderhack
100 g Parmesan, frisch gerieben
2 Eigelb
2 EL Petersilie, gehackt

Das Öl mit der Hälfte der Butter in einem kleinen Topf erhitzen. Die Zwiebel schälen, fein hacken, dazugeben und andünsten. Die Sahne angießen, salzen, pfeffern und den Balsamico zufügen. Bei schwacher Hitze zu einer Sauce einköcheln lassen. Inzwischen Hackfleisch und Käse mischen, pfeffern, salzen und mit dem Eigelb und der Petersilie verkneten. Aus dieser Masse vier flache Frikadellen formen und diese bei milder Hitze in der übrigen Butter braten. Auf vier Teller verteilen und mit der Sauce übergießen.
Dazu schmecken Weißbrot und Salat.

Gemüsegratin mit zartem Schweinefilet ▷

400 g Schweinefilet
2 EL Butterschmalz
Salz
Pfeffer
250 g Möhren
500 g Kartoffeln
250 g Champignons
100 g Butterkäse
200 g Schlagsahne
2 Eier
Muskatnuss, gerieben
Petersilie zum Bestreuen

Das Fleisch waschen und trockentupfen. Das Butterschmalz in einer Pfanne erhitzen, das Filet darin rundherum kräftig anbraten und 5 Minuten bei niedrigerer Temperatur weiterbraten. Herausnehmen, mit Salz und Pfeffer würzen und etwas ruhen lassen.
Möhren und Kartoffeln schälen, waschen und in dünne Scheiben schneiden. Die Champignons putzen, waschen und in dicke Scheiben schneiden. Den Käse fein reiben. Sahne und Eier verrühren, mit Salz, Pfeffer und Muskatnuss würzen. 3/4 des Käses unter die Eiermilch rühren.
Das Fleisch in Scheiben schneiden und mit dem Gemüse in eine feuerfeste Form schichten. Die Eiermilch darüber gießen und mit Alufolie abdecken. Das Gratin im vorgeheizten Backofen bei 200 °C eine Stunde backen.
Die Alufolie 20 Minuten vor dem Ende der Backzeit abnehmen und das Gratin mit dem restlichen Käse bestreuen. Die Petersilie waschen, trockenschütteln und fein hacken. Das Gratin damit bestreuen.

Schweineschnitzel nach Bauernart

4 Schweineschnitzel
2 Knoblauchzehen
4 EL Olivenöl
Salz
Pfeffer
150 g Parmesan am Stück

Die Schnitzel leicht klopfen, damit sie sich beim Braten nicht verziehen.
Die Knoblauchzehen abziehen und halbieren. Das Öl in einer Pfanne erhitzen und die Knoblauchzehen darin anrösten. Sobald sie braun sind, herausnehmen und die Schnitzel im heißen Öl auf beiden Seiten kräftig anbraten. Salzen und pfeffern.
Den Parmesan in Scheiben schneiden und darauf legen. Die Pfanne zudecken und das Ganze bei milder Hitze einige Minuten ziehen lassen, bis die Schnitzel gar sind und der Käse geschmolzen ist.
Dazu schmecken Weißbrot und gemischter Salat.

Wirsing-Hackfleisch-Pastete mit Käse ▷

2 Zwiebeln
2 EL Öl
400 g gemischtes Hackfleisch
Majoran
Salz
Pfeffer
Muskatnuss, gerieben
Paprikapulver, edelsüß
1 kleiner Wirsing
200 g Sahne-Schmelzkäse
1 TL abgeriebene Zitronenschale
300 g TK-Blätterteigplatten
Mehl zum Ausrollen
1 Eigelb

Die Zwiebeln schälen, fein würfeln und in Öl glasig dünsten. Hackfleisch und Majoran zugeben und 5 Minuten braten. Mit Salz, Pfeffer, Muskatnuss und Paprikapulver würzen. Die Wirsingblätter waschen, putzen und in Salzwasser 6 Minuten blanchieren, abgießen und abschrecken. Den Wirsing in Streifen schneiden, mit dem Hackfleisch und dem Sahne-Schmelzkäse mischen. Die Zitronenschale zugeben, abschmecken und etwas abkühlen lassen.
Die aufgetauten Blätterteigplatten übereinander legen und mit wenig Mehl ausrollen. Zuerst eine Teigdecke für die Auflaufform ausschneiden, mit dem restlichen Teig den Boden und den Rand der Form auslegen. Die Wirsing-Hackfleisch-Mischung in die Form füllen. Die Teigdecke auflegen, mehrmals mit einer Gabel einstechen und mit aus Teigresten ausgestochenen Plätzchen belegen.
Bei 200 °C im Ofen 30 Minuten backen. Anschließend Eigelb mit 1 Esslöffel Wasser verrühren und die Pastete damit bestreichen. Weitere 10 Minuten backen.

Putenschnitzel mit Parmesan

4 Putenschnitzel
Pfeffer
Salz
1 Ei
4 EL Semmelbrösel
Öl zum Braten
50 g Butter
120 g Parmesan am Stück

Die Putenschnitzel leicht klopfen, pfeffern und salzen. Der Reihe nach in verquirltem Ei und Semmelbröseln wenden. Reichlich Öl in einer Pfanne erhitzen und die Schnitzel braten, bis sie goldbraun sind (nicht ganz durchbraten!). Das Fleisch auf Küchenpapier legen und gründlich vom Öl befreien.
Eine feuerfeste Form mit etwas Butter ausstreichen und die Putenschnitzel nebeneinander hineinlegen. Mit dem in Scheiben geschnittenen Parmesan belegen und die restliche Butter in Flöckchen darauf setzen. Im vorgeheizten Ofen bei 175 °C solange erhitzen, bis der Käse geschmolzen ist.
Dazu schmeckt ein knackiger Salat und Weißbrot.

Käse-Fleischbällchen

▷

1 Brötchen vom Vortag
6 EL warme Milch
1 kleine Zwiebel
350 g gemischtes Hackfleisch
1 Ei
1 TL Majoran
Salz
Pfeffer
150 g Camembert
3 EL Haferflocken
Butterschmalz zum Braten
einige Salatblätter, Gurkenwürfelchen, rote Paprikawürfelchen und Radieschen zum Garnieren

Das Brötchen in Würfel schneiden, mit der Milch begießen und einweichen lassen. Die Zwiebel schälen, das Hackfleisch in eine Schüssel geben, die Zwiebel fein auf das Hackfleisch reiben. Das ausgedrückte Brötchen, das Ei, Majoran, Salz und Pfeffer zufügen und alles gut verkneten. Den Camembert entrinden und in kleine Würfel schneiden. Aus je einem gehäuften EL Fleischmasse kleine Bällchen formen. In die Mitte ein Loch drücken, mehrere Käsewürfelchen hineingeben, wieder mit Fleisch schließen. Die Haferflocken in einen tiefen Teller geben und die Bällchen darin wenden. Das Butterschmalz erhitzen, die Bällchen darin rundum braten. Auf Salatblättern mit Gurken-, roten Paprikawürfelchen und Radieschen servieren.
Dazu schmecken Pommes frites.

Hackfleisch-Käse-Cannelloni

(für 6 Personen)

2 Zwiebeln
20 g Butter
500 g gemischtes Hackfleisch
1 Dose Tomaten (400 g)
140 g Tomatenmark
Salz
Pfeffer
Muskatnuss, gerieben
Zucker
2 Eier
400 g Kräuter-Frischkäse
1 Paket Cannelloni
375 ml Brühe
1 EL Saucenbinder
150 g saure Sahne
100 g Gouda, gerieben

Die Zwiebeln schälen, würfeln und in einem Topf in der heißen Butter andünsten. Das Hackfleisch zugeben und krümelig braten. Die Tomaten ohne Flüssigkeit und das Tomatenmark zugeben und schmoren lassen. Mit den Gewürzen abschmecken. Die Eier mit der Hälfte des Frischkäses verrühren und zur Hackfleischmasse geben. Die Masse mit einem Teelöffel in die Cannelloni füllen. Die Nudeln in eine feuerfeste Form legen. Die Brühe erhitzen und unter ständigem Rühren den übrigen Frischkäse darin schmelzen. Den Saucenbinder einstreuen, aufkochen lassen, die saure Sahne einrühren und mit den Gewürzen abschmecken. Die Sauce über die Cannelloni gießen und mit Gouda bestreuen. Im vorgeheizten Ofen bei 200 °C ca. 35 Minuten garen.

Käse-Lauch-Ragout

▷

800 g Kartoffeln
Salz
1 kg Lauch
2 EL Öl
Pfeffer
300 g gemischtes Hackfleisch
Paprikapulver, edelsüß
200 g Kräuter-Schmelzkäse
½ l Gemüsebrühe
Muskatnuss, gerieben
1 Spritzer Zitronensaft

Die Kartoffeln in Salzwasser gar kochen, pellen und in Würfel schneiden. Den Lauch putzen, in Ringe schneiden und waschen. In einem großen Bräter das Öl erhitzen. Den Lauch darin 10 Minuten dünsten und mit Salz und Pfeffer würzen. Das Hackfleisch mit Salz, Pfeffer und Paprikapulver würzen, zu 20 kleinen Bällchen formen und zum Lauch geben.

Den Kräuter-Schmelzkäse in der Gemüsebrühe unter Rühren schmelzen und zu der Lauch-Fleischbällchen-Mischung gießen. Mit Muskatnuss würzen und bei geschlossenem Deckel unter mäßiger Hitzezufuhr 10 Minuten köcheln. Die Kartoffeln hinzugeben und weitere 5 Minuten garen. Mit Zitronensaft, Pfeffer und Salz abschmecken.

Schweinekoteletts mit Frischkäsefüllung

250 g Ziegenfrischkäse
75 g Crème fraîche
3 kleine, rote Zwiebeln
1 Knoblauchzehe
50 g gemischte Kräuter (z. B. Basilikum, Oregano, Thymian)
2 TL Kräutersenf
Salz
Pfeffer aus der Mühle
Cayennepfeffer
4 Schweinenackenkoteletts
Öl zum Bestreichen

Den Ziegenfrischkäse mit der Crème fraîche verrühren. Die Zwiebeln schälen, in kleine Würfel schneiden und hinzufügen. Die Knoblauchzehe abziehen und in die Käsecreme pressen.
Die Kräuter waschen, trockenschütteln und – bis auf einige zum Garnieren – fein hacken. Die gehackten Kräuter und den Senf zur Käsecreme geben und alles gut verrühren. Mit Salz, Pfeffer und Cayennepfeffer kräftig würzen. Die Koteletts trockentupfen und jeweils eine Tasche hineinschneiden. Mit Käsecreme füllen und die Öffnung mit Holzstäbchen zustecken.
Das Fleisch mit etwas Öl bestreichen und auf dem heißen Grill unter öfterem Wenden ca. 10 Minuten grillen. Die Koteletts auf vier Teller verteilen und mit den beiseite gestellten Kräutern garnieren.
Dazu passen ein knackiger Salat und knuspriges Baguette.

Paprika

Gefüllter Lammrollbraten mit Serviettenkloß ▷

Für den Braten:

1 ausgebeinte Lammbrust
Salz
Pfeffer
3 altbackene Brötchen
100 g Rosinen
50 g Zitronat
1/8 l Milch
200 g Brie
1/2 TL Rosmarin
1 TL Thymian
2 Eier
3 EL Butterschmalz
1/2 l Rotwein
1/8 l Portwein
4 cl Weinbrand
200 g Crème fraîche

Für den Kloß:

10 altbackene Brötchen
1/4 l Milch
1 Zwiebel
1/2 Bund Petersilie
30 g Butter
2 Eier
Salz
Pfeffer
Muskatnuss, gerieben
Butter zum Braten

Die Lammbrust mit Salz und Pfeffer würzen. Die Brötchen würfeln, mit Rosinen und Zitronat vermischen und mit lauwarmer Milch übergießen. Den Brie würfeln, die Kräuter und Eier zufügen und gut vermengen. Die Lammbrust füllen und mit Küchengarn verschnüren. Das Fleisch im Butterschmalz anbraten. Mit Rotwein und Portwein ablöschen und in den auf 170 °C vorgeheizten Backofen schieben. Den Braten mehrmals wenden und nach ca. 30 Minuten aus dem Ofen nehmen. Den Bratensatz mit Weinbrand und Crème fraîche aufkochen und durch ein Sieb gießen.
Für den Kloß die Brötchen würfeln und mit lauwarmer Milch übergießen. Die Zwiebel schälen und hacken. Die Petersilie waschen, trockenschütteln und fein hacken. Gehackte Zwiebel und Petersilie in Butter anschwitzen, mit der Brötchenmasse und den Eiern vermengen und mit Salz, Pfeffer und Muskatnuss würzen. Die Masse in einem Geschirrtuch zu einer Rolle formen, mit Küchengarn zusammenbinden und 40 Minuten in siedendem Wasser ziehen lassen. Den Serviettenkloß in Scheiben schneiden und in Butter leicht anbraten.

Lammrücken mit Edelpilzkäsekruste

▷

1,2 kg Lammrücken
Salz
Pfeffer
1 EL Butterschmalz zum Braten
200 g Edelpilzkäse
1 Zweig Rosmarin
6 Salbeiblätter
1/2 Bund Thymian
2 EL frisch geriebene Weißbrotbrösel

Den Lammrücken von Fett und Sehnen befreien. Salzen und pfeffern. Das Butterschmalz in einem Bräter erhitzen, den Lammrücken von allen Seiten darin anbraten.
Den Backofen auf 225 °C vorheizen. Den Käse mit einer Gabel fein zerdrücken, Rosmarin, Salbeiblätter und Thymianblättchen waschen, trockenschütteln und fein hacken. Mit den Weißbrotbröseln unter den Käse kneten. Die Käsemasse auf den Lammrücken verteilen, andrücken und in den Ofen geben. Den Lammrücken im offenen Bräter ca. 40 Minuten braten. Vor dem Aufschneiden den Rücken mindestens 5 Minuten ruhen lassen.

Lendenbraten

4 Schweinefilets (à 250–300 g)
2 EL Öl
Salz
Pfeffer
1/8 l Fleischbrühe
6 dicke Stangen Lauch
200 g mittelalter Gouda als dicker Balken
20 g Butter
Muskatnuss, gerieben
125 g Schlagsahne
2 EL Saucenbinder
2–3 EL Weißwein

Die Schweinefilets in einer beschichteten Pfanne in heißem Öl kurz anbraten. Salzen und pfeffern, aus der Pfanne nehmen und den Bratenfond mit der Fleischbrühe auffüllen. Aufkochen lassen und die Pfanne vom Herd nehmen. Die Lauchblätter von den Stangen lösen, waschen und in kochendem Wasser ca. 3 Minuten blanchieren. Jedes Filet und den Goudabalken mit Lauchblättern umwickeln. Den Käse in die Mitte der Filets legen, alles mit Lauchblättern umwickeln und mit Spießchen feststecken. Die Filets in Alufolie mit 3 EL Fond im Ofen bei 225 °C ca. 10 Minuten garen. Auf einer angewärmten Platte anrichten. Den übrigen Lauch in Stücke schneiden und in Butter und 3 EL Wasser 10 Minuten dünsten. Mit Pfeffer, Salz und Muskatnuss würzen und als Gemüse servieren. Für die Sauce den Bratenfond mit Sahne auffüllen, mit Saucenbinder aufkochen und mit Weißwein abschmecken. Zum Braten servieren.
Zu diesem Gericht Kartoffelplätzchen als Beilage reichen.

Putengeschnetzeltes in Käsesauce

▷

500 g Putenbrustfilet
250 g Champignons
4 kleine Schalotten
30 g Margarine
1/4 l klare Brühe
200 g Kräuter-Frischkäse
1 EL Saucenbinder
Salz
Pfeffer
1 EL Zitronensaft
1/2 Bund glatte Petersilie

Die Putenbrustfilets in dünne Streifen schneiden. Die Champignons putzen, waschen und in Scheiben schneiden. Die Schalotten schälen und fein hacken.
Die Margarine in einer Pfanne schmelzen und die Schalotten darin andünsten. Die Filetstreifen kurz anbraten, die Pilze zugeben und weiterbraten. Alles aus der Pfanne nehmen und warm stellen. Den Bratenfond mit Brühe ablöschen und den Kräuter-Frischkäse unter Rühren in der Sauce schmelzen lassen. Zum Kochen bringen, den Saucenbinder einstreuen, mit Salz, Pfeffer und Zitronensaft abschmecken. Die Petersilie waschen, trockenschütteln und fein hacken. Das Fleisch und die Pilze in die Sauce geben und mit der Petersilie bestreuen.
Dazu passen Reis und Salat.

Hähnchenbrustfilet mit Käsehaube

1 kg Spitzkohl
1 Zwiebel
30 g Butter
Salz
Pfeffer aus der Mühle
Zucker
4 Hähnchenbrustfilets (à 200 g)
3 EL Öl
Butter für die Form
4 Scheiben gekochter Schinken
4 Scheiben Edamer oder Gouda
Schnittlauch zum Garnieren
Paprikapulver, edelsüß

Den Kohl putzen, gut waschen und klein schneiden. Die Zwiebel schälen und würfeln. Die Butter in einem Topf erhitzen und die Zwiebel darin glasig dünsten.
Den Kohl zugeben und zugedeckt ca. 15 Minuten dünsten. Mit Salz, Pfeffer und einer Prise Zucker würzen. Die Hähnchenfilets waschen, trockentupfen, salzen und pfeffern. Das Öl in einer Pfanne erhitzen und die Hähnchenfilets darin ca. 5 Minuten von beiden Seiten anbraten. Eine feuerfeste Form fetten und den Kohl einfüllen. Die Hähnchenfilets darauf verteilen. Das Fleisch mit dem Schinken, dann mit dem Käse belegen und im vorgeheizten Ofen bei 200 °C ca. 5 Minuten auf der zweiten Einschubleiste von unten überbacken, bis der Käse geschmolzen ist.
Den Schnittlauch waschen, trockenschütteln und in Röllchen schneiden. Die Hähnchenfilets mit Paprikapulver und Schnittlauch bestreuen.
Dazu passen Folienkartoffeln.

Rindermedaillons mit Käse

1 Schalotte
2 EL Butter
1 EL Tomatenmark
150 ml Portwein
400 ml Rinderfond (Glas)
4 kleine frische Feigen
Salz
weißer Pfeffer
8 Rindermedaillons
2 EL Butterschmalz
250 g Gouda
2 EL Petersilie

Die Schalotte schälen und fein hacken. Die Hälfte der Butter erhitzen, die Schalotte darin anschwitzen und das Tomatenmark zugeben. Mit 100 ml Portwein ablöschen und den Rinderfond zugeben. Aufkochen lassen, den Schaum abnehmen und bei schwacher Hitze köcheln lassen. Die Feigen schälen, halbieren und in der restlichen Butter anbraten. Den restlichen Portwein angießen, unter Wenden ca. 4 Minuten garen und die Früchte anschließend herausnehmen. Den Fond einkochen, zur Sauce geben, alles passieren und mit Salz und Pfeffer abschmecken. Die Medaillons mit Salz und Pfeffer würzen und in Butterschmalz von jeder Seite ca. 5 Minuten braten. Jeweils mit einer halben Feige belegen.

Den Käse in feine Streifen schneiden und gitterförmig auf die Medaillons legen. Zugedeckt erhitzen bis der Käse geschmolzen ist. Die Petersilie waschen, trockenschütteln und fein hacken. Das Fleisch mit der Sauce anrichten und mit Petersilie bestreuen.

Dazu passen knusprige Kartoffelkroketten

Abb. S. 175
Nudeltaschen mit Feta-Füllung
(Rezept S. 176)

Nudeln – Die vielseitigen Muntermacher

Schmelzkäse-Vollkornspagetti

▷

400 g Vollkornspagetti
Salz
300 g Brokkoliröschen
1 Zwiebel
20 g Margarine
200 ml Milch
6 Schmelzkäse-Ecken
200 g Krabbenfleisch
Dill, Pfeffer
Sonnenblumenkerne

Die Spagetti in reichlich Salzwasser kochen und den Brokkoli 3 Minuten blanchieren. Die Zwiebel schälen, würfeln, Margarine in einem Topf erhitzen und die Zwiebelwürfel darin glasig dünsten. Die Milch zufügen und den Käse bei geringer Hitze darin auflösen. Die Krabben hinzugeben und die Sauce mit Salz, gehacktem Dill und Pfeffer abschmecken. Die Spagetti abschütten, mit Brokkoliröschen und Käsesauce vermischen, auf vier Teller verteilen und mit Sonnenblumenkernen bestreuen.

Nudeltaschen mit Feta-Füllung *(Abb. S. 175)*

350 g Mehl
Salz
2 Eier
3 Eigelb
1 EL Öl
2 EL Wasser
1 Packung getrocknete Steinpilze (3 g)
4 EL Rotwein
1 kleine Schalotte
2 TL Butter
2 TL Thymian
100 g Feta am Stück
1 EL Crème fraîche
3 große Zwiebeln (200 g)
30 Salbeiblätter
50 g Butter

Aus Mehl, Salz, Eiern, Eigelb, Öl und Wasser einen Knetteig bereiten und eine Stunde ruhen lassen. Die Pilze in Wein einweichen. Die Schalotte schälen und fein hacken. Die Butter in einer Pfanne erhitzen, die Schalotte glasig dünsten und den Thymian hinzugeben. Die Pilze mit dem Wein zufügen und so lange erhitzen, bis die Flüssigkeit verdampft ist. Anschließend den Feta zerkleinern und mit der Crème fraîche mit einer Gabel unter die Pilze mischen.
Den Teig auf einem bemehlten Backblech dünn zu einem Rechteck ausrollen. Auf eine Teighälfte kleine Häufchen Käse-Pilz-Füllung geben, die restliche Teighälfte darüber klappen und mit einem Teigrädchen Vierecke ausrollen. Die Ränder zusammendrücken. Zugedeckt 30 Minuten trocknen lassen. Die Nudeltaschen in kochendem Salzwasser ca. 10 Minuten gar ziehen lassen. Mit einem Schaumlöffel aus dem Kochwasser heben, gut abtropfen und warm halten. Die Zwiebeln schälen und fein hacken. Die Salbeiblätter waschen und grob zerkleinern. Die Zwiebeln in Butter glasig dünsten, den Salbei zugeben und in der Butter schwenken. Die Nudeltaschen auf vier Teller verteilen und mit in Salbeibutter gedünsteten Zwiebeln anrichten.

Pilzlasagne mit Mozzarella

▷

Für die Füllung:
500 g Champignons
200 g Steinpilze
1 Möhre
75 g durchwachsener Speck
1 Knoblauchzehe
2 EL Petersilie
30 g Butter
Salz, Pfeffer

Für die Bechamelsauce:
1 kleine Zwiebel
30 g Butter
30 g Mehl
1/4 l Milch
1/4 l Fleischbrühe
Salz
weißer Pfeffer
Muskatnuss, gerieben

Butter für die Form
250 g Lasagneblätter
250 g Mozzarella

Die Pilze putzen, waschen und in Scheiben bzw. kleine Stücke schneiden. Die Möhre schälen und in kleine Stifte, den Speck in Würfel schneiden. Den Knoblauch abziehen und fein hacken. Die Petersilie waschen, trockenschütteln und fein hacken. Die Butter in einer Pfanne zerlassen, Pilze, Möhren, Speck und Knoblauch darin andünsten, Petersilie zugeben und mit Salz und Pfeffer abschmecken. Für die Bechamelsauce die Zwiebel schälen, fein hacken und in einem Topf in heißer Butter andünsten. Das Mehl darunter rühren und hellgelb anschwitzen. Die heiße Milch und die Fleischbrühe einrühren, mit Salz, Pfeffer und Muskat abschmecken, aufkochen und abkühlen lassen. In eine gebutterte feuerfeste Form abwechselnd Lasagneblätter, Bechamelsauce und Pilzmischung schichten. Den Backofen auf 200 °C vorheizen und die Lasagne ca. 25 Minuten garen. Aus dem Ofen nehmen, mit dem in Scheiben geschnittenen Mozzarella belegen und nochmals bei reduzierter Hitze (180 °C) ca. 10 Minuten überbacken.

Spagetti mit frischen Erbsen und Schinken

1 kg frische Erbsen
100 g gekochter Schinken
1 Zwiebel, gewürfelt
2 EL Butter
2 EL Petersilie, fein gehackt
1/4 l Fleischbrühe
Salz, Pfeffer
Muskatnuss, gerieben
100 g Parmesan
500 g Spagetti

Die Erbsen enthülsen, waschen und abtropfen. Den Schinken in Würfel schneiden. Die Zwiebel mit dem Schinken in 1 EL Butter andünsten. Die Petersilie mit den Erbsen und der Fleischbrühe hinzugeben. Mit Salz, Pfeffer und Muskatnuss würzen. 15 Minuten bei geringer Hitze ziehen lassen. Inzwischen die Nudeln in Salzwasser „al dente“ kochen, auf einem Sieb abtropfen lassen und in eine tiefe Schüssel geben. Mit der restlichen Butter mischen, Erbsen und Käse zufügen und vermischen.

Cannelloni alla Sottentina

▷

Für die Füllung:
250 g Mozzarella
100 g roher Schinken, dünn aufgeschnitten
2 Eier
250 g Ricotta
Salz
Pfeffer
Muskatnuss, gerieben

Sugo:
500 g Tomaten
80 g Butter
1 Zwiebel
4 Blättchen Basilikum

12 fertig gekaufte Cannelloni
1 EL Öl
3 EL Butter
60 g Parmesan, gerieben

Mozzarella und Schinken in feine Stücke schneiden. Die Eier aufschlagen und mit Ricotta verrühren. Alles miteinander vermengen und mit Salz, Pfeffer und Muskatnuss würzen.
Die Tomaten kurz in kochendes Wasser tauchen, die Haut abziehen, die Stielansätze entfernen und das Gemüse in Stückchen schneiden. Die Hälfte der Butter zerlassen, die Zwiebel schälen, in Würfel schneiden und in der Butter glasig dünsten. Die Tomatenstücke hinzufügen und 10 Minuten schmoren lassen. Die Basilikumblättchen fein schneiden und hinzugeben. Mit Salz und Pfeffer abschmecken. Nicht mehr kochen lassen.
Die Cannelloni in reichlich Salzwasser mit dem Öl in ca. 5 Minuten knapp „al dente" kochen. Mit einem Teelöffel oder einem Spritzbeutel die Füllung hineingeben. Eine flache, feuerfeste Form mit etwas Butter ausstreichen und die Cannelloni hineinlegen. Die Tomatensauce darüber verteilen. Mit dem Parmesan bestreuen, die restliche Butter in Flöckchen darauf setzen und im vorgeheizten Backofen bei 200 °C überbacken.

TIPP

Verwenden Sie immer frisch geriebenen Parmesan. Sie sollten den Käse stets am Stück kaufen und die benötigte Menge erst kurz vor der Zubereitung reiben. Die Qualität von bereits geriebener Tütenware ist nicht mit der von frisch geriebenem Parmesan vergleichbar. Fertigprodukte bestehen vielmehr häufig aus alten Käseresten.

Pikanter Nudelauflauf

▷

200 g Bandnudeln
Salz
6 EL Öl
1 Zwiebel (50 g)
1 Knoblauchzehe
1/4 Stange Lauch (50 g)
1 Paprika (150 g)
300 g gemischtes Hackfleisch
1 Dose geschälte Tomaten (400 g)
Pfeffer
Paprikapulver, edelsüß
3 Wacholderbeeren
2 Zucchini (à 150 g)
250 g Baars d'Or mit Knoblauchstücken
20 Butter in Flöckchen
125 g Schlagsahne
Petersilie zum Garnieren

Die Nudeln in Salzwasser „al dente" kochen, abseihen und kalt abspülen. 2 EL Öl erhitzen. Zwiebel und Knoblauchzehe abziehen und fein hacken. Den Lauch putzen, waschen und in Ringe schneiden. Die Paprika halbieren, Kerne und weiße Trennwände entfernen, das Gemüse waschen und würfeln.
2 EL Öl in einem Topf erhitzen, das Hackfleisch hinzufügen und krümelig braten. Zwiebel, Knoblauch, Lauch, Paprika, Tomaten und Gewürze zugeben und alles ca. 20 Minuten schmoren lassen. Die Wacholderbeeren entfernen. Zucchini waschen, längs in Scheiben schneiden und im restlichen Öl anbraten. Den Käse in dünne Scheiben schneiden. Eine Auflaufform fetten und schichtweise Nudeln, Sauce, Zucchini und Käse einfüllen. Die letzte Schicht sollte Sauce und Käse sein. Den Auflauf mit Butterflöckchen belegen und die Sahne angießen.
Im vorgeheizten Ofen bei 200 °C ca. 45 Minuten backen. Die Petersilie waschen, trockenschütteln, fein hacken und über den Auflauf streuen.

Grüne Nudeln mit vier Käsesorten

100 g Mozzarella
100 g Emmentaler
100 g Schmelzkäse
400 ml Milch
600 g grüne Nudeln
Salz
80 g Butter
100 g Parmesan, gerieben

Mozzarella, Emmentaler und Schmelzkäse klein würfeln und ca. 1 Stunde in warme Milch legen. Die Käse sollen schmelzen, sich aber nicht ganz auflösen. Die Nudeln in reichlich Salzwasser „al dente" kochen. Vor dem Abgießen ein Glas kaltes Wasser zugeben, damit die Nudeln glatt bleiben. Auf eine gut vorgewärmte Platte geben. Die Butter in einer Pfanne zerlassen und mit der Hälfte der eingeweichten Käsesorten unter die Nudeln ziehen. Die andere Hälfte des Käses darüber verteilen und mit Parmesan bestreuen.

Bandnudeln mit Frischkäsesauce

▷

250 g Möhren
250 g Zucchini
250 g Bandnudeln
Salz
1 Zwiebel
2 Knoblauchzehen
1 EL Olivenöl
1 EL Mehl
200 ml Gemüsebrühe
200 g Frischkäse
weißer Pfeffer
Zucker
1 großer Bund Basilikum

Das Gemüse putzen und waschen. Längs in Scheiben schneiden. Die Nudeln in reichlich Salzwasser nach Anweisung garen. 5 Minuten vor Ende der Garzeit das Gemüse zufügen. Zwiebel und Knoblauch schälen. Die Zwiebel fein hacken, den Knoblauch in Scheiben schneiden. Beides in heißem Öl andünsten, mit Mehl bestäuben und durchschwitzen lassen. Unter ständigem Rühren mit der Brühe ablöschen und kurz aufkochen lassen. Den Frischkäse zufügen und so lange rühren, bis er ganz geschmolzen ist. Die Sauce mit Salz, Pfeffer und einer Prise Zucker abschmecken. Das Basilikum waschen, trockenschütteln, fein hacken und unter die Sauce heben. Nudeln und Gemüse abießen, auf vier Teller verteilen und die Sauce darüber geben.

Spiralnudeln mit Nuss-Käse-Sauce

500 g Spiralnudeln
1 Zwiebel
2 EL Butter
100 ml Milch
100 ml Gemüsebrühe
150 g Blauschimmelkäse
100 g Gouda, gerieben
200 g Frischkäse
Salz, Pfeffer
Zitronensaft
30 g Walnüsse, grob gehackt

Die Nudeln in reichlich Salzwasser „al dente“ kochen. In der Zwischenzeit die Zwiebel schälen, fein würfeln und in zerlassener Butter andünsten. Die Milch mit der Gemüsebrühe zur Zwiebel geben. Das Ganze ca. 5 Minuten einkochen lassen. Den Blauschimmelkäse mit einer Gabel zerdrücken, mit dem Gouda und dem Frischkäse in die Sauce geben und unter Rühren schmelzen lassen. Die Sauce mit Salz, Pfeffer und etwas Zitronensaft abschmecken. Die Walnüsse unterrühren.
Die Nudeln in einem Sieb gut abtropfen lassen, in eine Schüssel geben und darin mit der Sauce vermischen.

Gefüllte Nudeltaschen

▷

Für den Teig:
300 g Mehl
2 Eier
Salz
5 EL Wasser

Für die Füllung:
200 g Champignons
200 g Möhren
200 g Emmentaler
1 Zwiebel
100 g Butter
1 Bund Petersilie
Salz, Pfeffer
Muskatnuss, gerieben
1 Ei

1 l Fleischbrühe

Das Mehl sieben und mit den Eiern, 1/2 Teelöffel Salz und dem Wasser zu einem geschmeidigen Nudelteig kneten. Der Teig muss beim Durchschneiden Luftlöcher zeigen.

Den Teig 50 Minuten abgedeckt ruhen lassen.
Für die Füllung die Champignons putzen, waschen und fein schneiden. Die Möhren schälen, waschen und fein raspeln. 100 g Käse sehr fein würfeln, den Rest reiben.
Die Zwiebel schälen und würfeln. 20 g Butter in einer Pfanne zerlassen und die Zwiebel darin glasig dünsten. Champignons und Möhren 5 Minuten darin andünsten. Abkühlen lassen. Die Petersilie waschen, trockenschütteln und fein hacken.
Mit den Käsewürfeln zum Gemüse geben, mit Salz, Pfeffer und Muskatnuss abschmecken.
Das Ei trennen und das Eigelb unter die Füllung mischen. Das Eiweiß zum Bestreichen der Nudeltaschen zurücklassen.

Den Nudelteig in vier Portionen teilen. Jede Portion auf wenig Mehl sehr dünn ausrollen. Aus jedem Stück vier gleichgroße Quadrate ausradeln und die Füllung darauf verteilen. Die Ränder mit Eiweiß bestreichen und zu Taschen zusammenklappen.
Die Nudeltaschen ca. 10 Minuten in siedender Fleischbrühe gar ziehen lassen.
Nicht kochen lassen!
Herausnehmen und in eine flache, feuerfeste Form schichten. Dick mit dem geriebenen Emmentaler bestreuen und die restliche flüssige Butter darüber gießen.
Im vorgeheizten Backofen bei 200 °C ca. 15 Minuten überbacken.
Dazu schmeckt Tomatensauce und ein bunter Blattsalat der Saison.

Tagliatelle „Alfredo"

▷

1 Gemüsezwiebel (350 g)
2 Knoblauchzehen
2 EL Olivenöl
150 g gekochter Schinken
300 g Erbsen
1 Dose Tomaten (800 g)
Oregano, getrocknet
Basilikum, getrocknet
Salz, Pfeffer
400 g grüne Tagliatelle
100 g Crème fraîche
Zucker
200 g Edamer, gestiftelt

Die Gemüsezwiebel schälen und in dünne Ringe schneiden. Die Knoblauchzehen abziehen und zerdrücken. Das Olivenöl erhitzen, Zwiebelringe und Knoblauch darin glasig dünsten. Den Schinken in kleine Würfel schneiden.
Erbsen, Tomaten, Schinken, Oregano und Basilikum zu den Zwiebeln geben und etwas einkochen lassen.

In der Zwischenzeit die Tagliatelle in Salzwasser kochen. Anschließend die Crème fraîche unter die Erbsen-Schinken-Sauce rühren. Die Sauce mit Salz, Pfeffer und einer Prise Zucker abschmecken.
Die abgetropften Tagliatelle mit dem Edamer unter die Erbsen-Schinken-Sauce mischen und servieren.

Rigatoni mit Parmaschinken

400 g Rigatoni
Salz
1 TL Öl
1 kleine Zwiebel
1 gelbe oder rote Paprikaschote (oder je 1/2 gelbe und 1/2 rote Paprikaschote)
200 g Parmaschinken
3 EL Olivenöl
300 g Frischkäse mit Knoblauch (oder Kräutern)
200 g Schlagsahne
2 EL frischer Thymian
Pfeffer aus der Mühle

Die Rigatoni in reichlich Salzwasser geben, das Öl zufügen und die Nudeln „al dente" garen.
In der Zwischenzeit die Zwiebel schälen und klein würfeln. Die Paprikaschote waschen, Kerne und weiße Trennwände entfernen und das Gemüse würfeln. Den Parmaschinken ebenfalls würfeln.
Das Olivenöl in einem Topf erhitzen und die Zwiebelwürfel darin glasig dünsten.

Die Paprikawürfel zufügen und 3 Minuten bei mittlerer Hitze mitdünsten. Den Frischkäse und die Sahne unterrühren und das Ganze bei schwacher Hitze etwas einkochen lassen. Den Thymian waschen, trockenschütteln, klein hacken und mit den Schinkenwürfeln zur Sauce geben. Mit Salz und Pfeffer abschmecken. Die Rigatoni gut abtropfen lassen und unter die Sauce heben.

Möhren-Zucchini-Nudeln mit Käsesauce ▷

300 g Nudeln
1 Möhre
1 kleine Zucchini
1 EL Butter
30 g Haselnüsse, gemahlen
50 ml Gemüsebrühe
200 g Schmelzkäse
Saft einer halben Orange

Die Nudeln nach Packungsanweisung zubereiten.
Die Möhre schälen und waschen. Die Zucchini waschen und zusammen mit der Möhre in feine Längsstreifen schneiden.
4 Minuten vor Garende der Nudeln auch die Möhren- und Zucchinistreifen ins Nudelwasser geben.
Inzwischen die Butter in einer Pfanne erhitzen und die Nüsse darin rösten. Mit der Brühe ablöschen. Den Schmelzkäse darüber geben, den Orangensaft angießen und die Sauce etwas einkochen lassen.
Das Nudelwasser abgießen. Die Nudeln und das Gemüse mit der Nuss-Käsesauce anrichten.

Spagetti mit Tomaten und Mozzarella

400 g Spagetti
Salz
1 EL Öl
5 große reife Fleischtomaten
2 Schalotten
1 Stückchen rote Pfefferschote
Pfeffer
6 EL Olivenöl
12 große Basilikumblätter
250 g Mozzarella

Die Spagetti nach Packungsanweisung in reichlich Salzwasser mit dem Öl „al dente" kochen. In der Zwischenzeit die Tomaten kurz in kochendem Wasser überbrühen und die Haut abziehen. Halbieren, Stielansätze und Kerne entfernen, das Fruchtfleisch in Würfel schneiden. Die Schalotten schälen und in Würfel schneiden. Die Pfefferschote in feine Streifen schneiden, die Kerne entfernen. Schalotten und Pfefferschote vermischen, mit Salz und Pfeffer würzen und das Olivenöl sowie die Tomatenwürfel hinzugeben. Das Basilikum waschen, trockenschütteln und in Streifen schneiden. Den Mozzarella in 2 cm große Würfel schneiden. Die Spagetti abschrecken, auf ein Sieb geben und gut abtropfen lassen. Mit den marinierten Tomaten und den Mozzarellawürfeln vermischen und sofort servieren.

Spagettiomelett

200 g Spagetti
Salz
100 g Blattspinat
6 Eier
schwarzer Pfeffer aus der Mühle
2 EL Petersilie
3 EL Parmesan, frisch gerieben
100 g gekochter Schinken
100 g Mozzarella
4 EL Butter

Die Nudeln in reichlich Salzwasser „al dente“ kochen und auf einem Sieb abtropfen lassen. Den Blattspinat verlesen, gründlich waschen, fein hacken und in etwas Salzwasser dünsten. Die Eier in einer Schüssel mit Salz und Pfeffer verquirlen. Die Petersilie waschen, trockenschütteln und fein hacken.
Mit dem Blattspinat, den Spagetti und dem Parmesan zu den Eiern geben und alles gut vermengen. Schinken und Mozzarella in feine Streifen schneiden.
Die Hälfte der Butter in einer großen Pfanne erhitzen. Die Hälfte der Spagetti-Ei-Masse in die Pfanne geben, Schinken- und Mozzarellastreifen darüber streuen und alles mit der restlichen Spagetti-Ei-Masse bedecken. Das Omelett bei geringer Hitze braten, bis sich an der Unterseite eine braune Kruste gebildet hat. Das Omelett auf einen Teller gleiten lassen, die restliche Butter in die Pfanne geben und das Omelett von der anderen Seite goldbraun braten. Heiß servieren.

TIPP

Anstelle des Blattspinats können Sie das Omelett auch mit frischen, klein gehackten Kräutern, zum Beispiel mit je 2 Esslöffeln Schnittlauch und Petersilie, zubereiten.

Abb. S. 193
Käse-Schinken-Waffeln
(Rezept S. 194)

Gebäck –
Knusprig und frisch

Vollkornfladen mit Oliven und Feta

15 g frische Hefe
1 Prise Zucker
200 g Weizenvollkornmehl
1 Glas Feta-Würfel in Öl
(150 g Abtropfgewicht)
Salz
75 g schwarze Oliven
75 g grüne Oliven
1 EL Thymian, gehackt
1 Knoblauchzehe
1/2 Bund glatte Petersilie

Die Hefe mit dem Zucker in 100 ml lauwarmem Wasser auflösen. Das Mehl in eine Schüssel geben und eine Mulde bilden. Das Hefewasser hineingießen, mit etwas Mehl vermischen und mit dem Mehl vom Rand bedecken. Den Vorteig 10 Minuten ruhen lassen. Das Öl aus dem Feta-Glas abgießen und auffangen. 1/2 Teelöffel Salz und 40 ml des Öls zum Vorteig geben und durchkneten. 20 Minuten zugedeckt gehen lassen. Die Oliven entkernen und grob hacken. Den Teig nochmals durchkneten, zu einer Rolle formen und in sechs Teile schneiden. Ein Backblech dünn mit Öl aus dem Feta-Glas bepinseln und die Teigstücke zu kleinen Fladen formen. Mit Wasser bepinseln und mit Thymian bestreuen. Nochmals ca. 10 Minuten zugedeckt gehen lassen. Im vorgeheizten Ofen bei 200 °C 15 Minuten backen. Den Knoblauch pellen und zerdrücken.
Den Knoblauch unter die Oliven mischen. Die Petersilie waschen, trockenschütteln und fein hacken. Zum Oliven-Knoblauch-Gemisch geben und mit 60 ml Öl aus dem Glas vermengen. Den Feta zerkleinern. Die Fladen mit Oliven und Feta servieren.

Käse-Schinken-Waffeln *(Abb. S. 193)*

(ergibt 8 Waffeln)

200 g roher Schinken
100 g Butter
300 g Instant-Flocken
300 ml Milch
6 Eier
1 TL Backpulver
Salz
120 g Emmentaler, gerieben
Öl für das Waffeleisen

Den Schinken würfeln. Die Butter in einer Pfanne zerlassen und den Schinken darin bräunen. Abkühlen lassen. Die Instant-Flocken mit Milch, Eiern, Backpulver und Salz verrühren. Den abgekühlten Schinken mit der Butter sowie den geriebenen Käse hinzufügen. Das Waffeleisen fetten, aufheizen und die Waffeln abbacken.

Partybrot mit 4-Käse-Füllung

▷

Für den Teig:
1/4 l Milch
60 g Butter
500 g Mehl
1 Würfel Hefe (42 g)
1 EL Zucker
1 EL Salz

Für die Füllung:
150 g Emmentaler
125 g Brie
200 g Feta
150 g Schichtkäse
1 Ei

2 EL Sonnenblumenkerne
Backpapier

Die Milch erwärmen und die Butter darin schmelzen lassen. Das Mehl in eine Schüssel geben und in die Mitte eine Mulde drücken. Die lauwarme Butter-Milch-Mischung hineingießen und die Hefe darin auflösen. Zucker und Salz hinzufügen. Alles kräftig zu einem Teig verkneten. Den Hefeteig an einem warmen Ort eine Stunde gehen lassen.
Für die Füllung den Emmentaler reiben. Brie, Feta und Schichtkäse im Mixer zerkleinern. Emmentaler und Ei zugeben. Alles zu einer cremigen Masse verarbeiten und kalt stellen.

Den Hefeteig kräftig zusammenkneten und zu einem Quadrat von 40 cm Kantenlänge ausrollen. Die Käsemasse darauf verteilen. Die Ecken des Quadrats zur Mitte einschlagen. Das Brot mit Wasser bestreichen und mit den Sonnenblumenkernen bestreuen. Die Kerne andrücken.
Das Brot auf ein mit Backpapier ausgelegtes Blech setzen und in den kalten Backofen geben. Bei 175 °C ca. eine Stunde backen. Das Brot etwas abkühlen lassen, aufschneiden und servieren. Dazu passt ein knackiger Salat.

Käsebrot

250 g Mehl
15 g frische Hefe
6 EL Milch
1 Prise Zucker
80 g weiche Butter
80 g geriebener Gouda, alt
Butter für die Form

Das Mehl in eine Schüssel sieben. Die Hefe in der lauwarmen Milch auflösen. Den Zucker mit dem Mehl vermischen, in die Mitte eine Vertiefung drücken und die Milch hineingießen. Mit etwas Mehl vermischen und 15 Minuten gehen lassen.

Die Butter und den Gouda unterkneten. Eine Kastenform (24 cm Länge) buttern, den Teig hineingeben und zugedeckt ca. 30 Minuten gehen lassen. In den vorgeheizten Backofen geben und bei 220 °C ca. 30 Minuten goldbraun backen.

Herzhafte Käsewaffeln

▷

200 g Butter
1/2 TL Salz
4 Eier
200 g Mehl
1 TL Paprikapulver, scharf
8 EL Milch
150 g Edamer, gestiftelt
Öl zum Fetten des Waffeleisens

Butter und Salz schaumig schlagen. Die Eier nach und nach einrühren. Mehl, Paprikapulver, Milch und 2/3 des Edamers zufügen. Alles zu einem glatten Teig verrühren. Das Waffeleisen einfetten und vorheizen. 2 EL Teig auf dem Waffeleisen verteilen und ca. 2 Minuten hellbraun backen.
Die fertigen Waffeln mit einer Gabel herausnehmen und noch heiß mit dem Rest der Käsestiftel bestreuen. Dazu schmecken Preiselbeerkompott und grüner Salat mit Tomaten.

Pikante Käseschnecken

(ergibt ca. 20 Schnecken)

500 g Mehl
1 Würfel Hefe (42 g)
1/8 l lauwarme Milch
1 Ei
1 TL Salz
3 Zwiebeln
200 g durchwachsener Räucherspeck
2 EL Öl
300 g Emmentaler
4 EL frische Kräuter, gehackt
je 1/4 TL italienische Kräuter, grober Pfeffer, Currypulver, Knoblauchpulver
4 EL Butter
Sesam zum Bestreuen

Das Mehl in eine Schüssel geben, eine Mulde hineindrücken. Die Hefe hineinbröckeln, etwas lauwarme Milch hinzufügen, mit wenig Mehl verrühren und mit etwas Mehl bestäuben. Zugedeckt ca. 30 Minuten gehen lassen.
Die restliche Milch mit dem Ei und dem Salz zum Vorteig geben und das Ganze zu einem glatten Teig verkneten. Nochmals 15 Minuten gehen lassen.
Für die Füllung die Zwiebeln schälen und mit dem Speck würfeln. Das Öl in einer Pfanne erhitzen, Zwiebeln und Speck darin anbraten und abkühlen lassen.
Den Emmentaler reiben und mit den Kräutern untermischen. Mit Pfeffer, Curry- und Knoblauchpulver würzen. Den Hefeteig auf ca. 60 x 30 cm ausrollen, mit der Käsemasse bestreichen und von der Längsseite her aufrollen. Ca. 3 cm dicke Stücke abschneiden.
Die Butter in einer Pfanne zerlassen, die Hefeschnecken damit bestreichen und mit Sesam bestreuen. Die Schnecken auf ein Backblech setzen und nochmals ca. 30 Minuten gehen lassen.
Im vorgeheizten Backofen bei 220 °C ca. 25 Minuten knusprig backen.

Käsestangen

(ergibt 15 Stück)

500 g Weizenvollkornmehl
1/2 Würfel Hefe (20 g)
300 ml lauwarme Milch
50 g Margarine
100 g Hartkäse, gerieben
1 TL Salz
Pfeffer aus der Mühle
Butter für das Backblech
etwas Milch
1 Eigelb zum Bepinseln
2 EL geriebener Hartkäse zum Bestreuen

Das Mehl in eine Schüssel geben, in die Mitte eine Mulde drücken. Die Hefe mit einem Teil der lauwarmen Milch verrühren, in die Mulde gießen, mit etwas Mehl vermischen und ca. 15 Minuten gehen lassen. Die Margarine in einer Pfanne zerlassen, salzen und pfeffern und mit der restlichen Milch und dem Käse in die Schüssel geben. Alles zu einem geschmeidigen Teig verarbeiten und ca. 30 Minuten gehen lassen.
Aus dem Teig Stangen formen und auf einem gefetteten Backblech nochmals ca. 30 Minuten gehen lassen. Mit Milch und verquirltem Eigelb bepinseln und mit Käse bestreuen. Im vorgeheizten Backofen bei 200 °C ca. 25 Minuten backen.

Blätterteig-Käsetaschen mit Basilikum

2 TK-Blätterteigplatten (ca. 150 g)
1/2 Bund Basilikum
4 kleine runde Ziegenkäse (frisch, à ca. 40 g)
1 Ei
Backpapier
2 EL Schlagsahne

Die Blätterteigplatten nach Packungsanweisung auftauen lassen. Die Platten auf einer bemehlten Arbeitsfläche jeweils zu einem Rechteck (24 x 12 cm) ausrollen und quer halbieren. Das Basilikum waschen, trockenschütteln und die Blättchen von den Stielen zupfen. Etwa in die Mitte der Blätterteigquadrate je einen Ziegenkäse und einige Basilikumblättchen geben. Das Ei trennen, die Blätterteigränder mit verquirltem Eiweiß bepinseln. Die nicht belegte Teigseite diagonal darüber klappen und die Ränder gut andrücken. Die Käsetaschen auf ein mit Backpapier belegtes Backblech legen. Eigelb und Sahne verrühren und die Käsetaschen damit bepinseln. Im vorgeheizten Backofen bei 200 °C ca. 15 Minuten backen.
Dazu schmeckt Tomatensalat mit Basilikum.

TIPP

Achten Sie beim Bepinseln der Teigtaschen darauf, dass kein Eigelb an den Schnittkanten des Blätterteigs herunterläuft, da sie sonst leicht verkleben können. Der Teig geht dann nicht mehr so blättrig auf.

Würzige Hafer-Partybrötchen

▷

(ergibt ca. 25 Stück)

1 kleine Zwiebel
100 g durchwachsener Räucherspeck
1 TL Butter
1/2 Würfel Hefe
1/4 l lauwarmes Wasser
1 TL Zucker
1 EL Mehl
150 g Kernige Haferflocken
150 g Blütenzarte Haferflocken
150 g Weizenvollkornmehl
1 TL Kräutersalz
1 EL Schnittlauchröllchen
1 TL Oregano
150 g Leerdamer
1 EL Öl
Backpapier für das Blech

Die Zwiebel schälen und mit dem Speck in feine Würfel schneiden. Die Butter in einer Pfanne zerlassen. Zwiebel- und Speckwürfel darin anbraten und abkühlen lassen. Die Hefe in etwas lauwarmes Wasser bröckeln. Zucker und 1 Esslöffel Mehl einrühren. Zugedeckt ca. 10 Minuten gehen lassen. Kernige und Blütenzarte Haferflocken, Mehl, Kräutersalz, Schnittlauch und Oregano mischen und den Käse fein reiben. Die Masse mit Öl, restlichem Wasser und dem Hefevorteig zu einem glatten Teig verkneten. Den Käse und die Speck-Zwiebel-Mischung unterkneten. An einem warmen Ort ca. 30 Minuten gehen lassen. Aus dem Teig kleine Brötchen formen und auf ein mit Backpapier belegtes Blech setzen. Zugedeckt ca. 10 Minuten ruhen lassen. Im vorgeheizten Ofen ca. 35 Minuten bei 225 °C backen.

TIPP

Stellen Sie beim Backen eine Schale mit Wasser in den Ofen, dann werden die Brötchen lockerer.

Blätterteig-Käse-Brezeln

(ergibt 16 Stück)

450 g TK-Blätterteig
Mehl zum Ausrollen
150 g Emmentaler, gerieben
1 Eigelb
Mohn, Sesam, grobes Salz und Kümmel zum Bestreuen

Die Blätterteigplatten nebeneinander legen und auftauen lassen. Die Teigplatten auf eine leicht bemehlte Arbeitsfläche legen, mit dem Käse bestreuen und zu Rechtecken von je 24 x 15 cm ausrollen. Längs in Streifen schneiden. Aus den Teigstreifen kleine Brezeln formen, mit verquirltem Eigelb bestreichen und mit Mohn, Sesam, grobem Salz oder Kümmel bestreuen. Das Gebäck im vorgeheizten Ofen bei 200 °C auf der zweiten Einschubleiste von unten ca. 15 Minuten backen.

TIPP

Die Brezeln sind ein idealer Party-Snack und passen hervorragend zu Wein.

Käseplätzchen

▷

(ergibt ca. 80 Stück)

120 g Butter
200 g Sahne-Schmelzkäse
2 Eigelb
1/2 TL Salz
1 TL Paprikapulver, edelsüß
250 g Mehl
Mehl zum Ausrollen
Mohn, Sesam und Kümmel zum Bestreuen

Die Butter mit Schmelzkäse, einem Eigelb, Salz, Paprikapulver und Mehl verkneten. Den Teig in 3 Teile schneiden und in Alufolie gewickelt zwei Stunden im Kühlschrank ruhen lassen. Den Backofen auf 200 °C vorheizen. Die Teigportionen mit etwas Mehl dünn ausrollen, Plätzchen ausstechen und auf Backbleche legen. Das zweite Eigelb mit 1 EL Wasser verrühren und die Plätzchen damit bestreichen. Das noch feuchte Eigelb mit Mohn, Sesam oder Kümmel bestreuen.
Die Plätzchen im Backofen auf der mittleren Einschubleiste bei 200 °C ca. 20 Minuten backen.
Das Käsegebäck noch warm vom Backblech heben und auf einem Kuchengitter abkühlen lassen.

Pikante Käsekrapfen

80 g Butter
Salz
150 g Mehl
4 Eier
100 g Parmesan, gerieben
1 gestrichener TL Backpulver
700 ml Öl zum Fritieren
2 EL Sesam

Die Butter mit dem Salz und 1/4 l Wasser in einem Topf aufkochen. Das Mehl dazugeben und bei mittlerer Hitze mit einem Kochlöffel so lange kräftig rühren, bis sich der Teig als Kloß vom Rand löst und sich am Boden des Topfs ein weißer Belag bildet. Den Topf vom Herd nehmen, den Teig in eine Rührschüssel füllen und abkühlen lassen. Anschließend ein Ei und den Käse mit dem Knethaken des Handrührgeräts unter den Teig rühren. Nacheinander die restlichen Eier unterrühren und zum Schluss das Backpulver hinzufügen. Den Teig ca. 30 Minuten ruhen lassen.
Das Öl in einer Friteuse erhitzen. Vom Teig mit zwei Teelöffeln Nocken abstechen und diese portionsweise im heißen Öl knusprig braun backen.
Die Krapfen mit einer Schaumkelle herausnehmen, heiß im Sesam wenden und auf Küchenpapier auskühlen lassen.

Käse-Haselnuss-Taler

▷

(ergibt ca. 30 Taler)

150 g Weizenvollkornmehl, feinst gemahlen
75 g Hartkäse, gerieben
50 g Butter
3 EL Schlagsahne
1 Prise Salz
Butter für das Blech
1 Eigelb
4 EL gehackte Haselnüsse, leicht geröstet (Reformhaus)

Das Mehl, den leicht erwärmten Käse, Butter, Sahne und Salz rasch zu einem glatten Teig verkneten und ca. 40 Minuten ruhen lassen. Eine Rolle formen und ca. 1/2 cm dicke Scheiben abschneiden. Die Taler auf ein gefettetes Backblech setzen, mit verquirltem Eigelb einpinseln und mit den Haselnüssen bestreuen. Im vorgeheizten Ofen bei 190 °C ca. 10 Minuten backen.

Käsecräcker

(ergibt 25 Stück)

250 g Mehl
1 Ei
150 g kalte Butter
2 TL Zucker
Salz
30 g Sonnenblumenkerne
Backpapier
1 Fenchelknolle
1 Bund Schnittlauch
100 g schwarze Oliven
200 g Ziegenfrischkäse
300 g Schlagsahne
Pfeffer aus der Mühle

Mehl, Ei, Butter, Zucker und eine Prise Salz zu einem geschmeidigen Teig verkneten. Die Sonnenblumenkerne grob hacken und in den Teig arbeiten. In Alufolie gewickelt ca. eine Stunde kühl stellen. Den Teig halbieren und jeweils zwischen zwei Lagen Folie ca. 5 mm dick ausrollen. Mit Förmchen 25 Kreise von 5 cm Durchmesser und 25 Kreise von 6 cm Durchmesser ausstechen. Die Cräcker auf ein mit Backpapier ausgelegtes Blech legen und im vorgeheizten Ofen bei 175 °C auf der zweiten Einschubleiste von unten ca. 10 Minuten backen. In der Zwischenzeit den Fenchel waschen, putzen, in Streifen schneiden und in leicht gesalzenem Wasser ca. 5 Minuten kochen. Den Schnittlauch waschen, trockenschütteln und in kleine Röllchen schneiden. Die Oliven entkernen und in Scheiben schneiden. Den Käse zerdrücken und mit der Sahne glattrühren. Den Fenchel in einem Sieb abtropfen lassen und in feine Würfel schneiden. Schnittlauch, Oliven und Fenchel unter den Frischkäse rühren, salzen und pfeffern. Die Cräcker aus dem Ofen nehmen und auf einem Rost auskühlen lassen. Die größeren Cräcker mit der Käsecreme bestreichen und die kleineren darauf setzen. Die Plätzchen auf einer Platte anrichten.

Herzhafte Käse-Kräuterkrapfen

▷

(ergibt ca. 45 Stück)

1/4 l Wasser
1/2 TL Salz
120 g Butterschmalz
250 g Mehl
4–5 Eier
1 Bund Schnittlauch
1/2 Bund Majoran
125 g Emmentaler, gerieben
ca. 500 g Butterschmalz zum Fritieren

Wasser, Salz und Butterschmalz in einem Topf aufkochen und anschließend zur Seite stellen. Das Mehl in die Flüssigkeit geben und so lange rühren, bis sich der Teig als Kloß vom Topfboden löst. Ein Ei unterrühren, den Teig in eine Schüssel geben und nacheinander die restlichen Eier dazugeben.

Schnittlauch und Majoran waschen und trockenschütteln. Den Schnittlauch in feine Röllchen schneiden, die Majoranblättchen von den Stielen zupfen. Die Kräuter mit dem Käse zum Teig geben und alles gut vermischen. Den Teig ca. 30 Minuten ruhen lassen.

Das Butterschmalz in einer Friteuse auf 170 °C erhitzen. Mit zwei Teelöffeln etwas Teig abstechen, zu Kugeln formen und im heißen Butterschmalz nacheinander ca. 6 Minuten goldbraun backen. Mit einer Schaumkelle auf Küchenpapier legen und etwas abtropfen lassen.

Die Krapfen passen gut als Snack zu Bier.

Käsehörnchen

(ergibt 15 Stück)

250 g Quark
6 EL Milch
1 Ei
1 Eigelb
1/2 TL Salz
8 EL Öl
500 g Mehl
1 Päckchen Backpulver
15 Scheiben Gouda, mittelalt
1 Ei, getrennt, zum Bestreichen
Butter für das Backblech

Den Quark durch ein Sieb streichen, mit Milch, Ei, Eigelb, Salz und Öl glatt rühren. Das Mehl mit dem Backpulver mischen, sieben und nach und nach unter den Quark rühren, zum Schluss unterkneten.

Den Teig ca. 4 mm dick ausrollen und in 15 Quadrate schneiden. Auf jedes Quadrat eine Scheibe Gouda legen und von einer Spitze her zu Hörnchen aufrollen. Die Spitzen mit Eiweiß bestreichen und andrücken.

Auf ein gefettetes Backblech legen, mit verquirltem Eigelb bestreichen und im vorgeheizten Ofen ca. 20 Minuten bei 190 °C goldbraun backen.

Gefüllte Laugenbrötchen

(ergibt 16 Stück)

500 g Mehl
1 Würfel Hefe (42 g)
1 TL Zucker
1 TL Salz
Mehl zum Bearbeiten des Teigs
150 g Ziegengouda
150 g Pecorino
100 g Crème fraîche
Pfeffer aus der Mühle
40 g Natron
Fett für die Form

Das Mehl in eine Schüssel sieben und in die Mitte eine Vertiefung drücken. Die Hefe hineinbröckeln, den Zucker darüber streuen und 300 ml lauwarmes Wasser darüber gießen. Die Hefe im Wasser auflösen, das Salz über das Mehl streuen und alle Zutaten von der Mitte her mit dem Knethaken des Handrührgeräts zu einem glatten Teig verkneten. Den Teig an einem warmen Ort zugedeckt gehen lassen, bis sich das Volumen verdoppelt hat. Auf einer bemehlten Arbeitsfläche den Teig gut durchkneten, bis er Blasen wirft. Anschließend ca. 20 Minuten gehen lassen.
In der Zwischenzeit den Ziegengouda und den Pecorino reiben und mit der Crème fraîche verrühren. Mit Pfeffer abschmecken.
Das Natron in einem Topf in $1^1/_2$ l lauwarmem Wasser auflösen, zum Kochen bringen und 10 Minuten kochen lassen.
Den Teig auf einer bemehlten Arbeitsfläche zu einem Quadrat von 56 cm Seitenlänge ausrollen und in 16 Quadrate schneiden. Die Käsefüllung in die Mitte der Quadrate geben. Die Ecken zur Mitte einschlagen und gut zusammendrücken, sodass Teigpakete entstehen. Diese zu Kugeln rollen und ca. 1 Minute vorsichtig mit einem Schaumlöffel in die Lauge geben. Herausheben und auf einem Gitter abtropfen lassen.
Eine Springform mit 26 cm Durchmesser ausfetten, die Teigkugeln hineingeben, andrücken und nochmals kurz gehen lassen. Die gefüllten Laugenbrötchen im vorgeheizten Backofen bei 200 °C auf der zweiten Einschubleiste von unten ca. 30 Minuten backen. Noch warm servieren.

Abb. S. 211
Gebackener Camembert
mit Beerenkompott
(Rezept S. 212)

Süßspeisen und Desserts

Weinkäse-Rum-Früchte in Blätterteig auf Rumschaum-Sauce

▷

4 Platten TK-Blätterteig
1 EL brauner Farinzucker
1 Eigelb
60 g Bergkäse, fein gerieben
1/2 TL Kümmel
2 Weinkäschen
1/2 l Rumfrüchte im Glas
1 Msp. gemahlener Zimt
4 EL Puderzucker
4 Eigelb
1/4 l vom Rum, in dem die Früchte eingelegt waren

Den Blätterteig auftauen lassen und dünn ausrollen. Briocheförmchen mit kaltem Wasser ausspülen, mit Blätterteig auslegen, mit Farinzucker ausstreichen und bei 200 °C ca. 15 Minuten backen. Abkühlen lassen und aus den Förmchen nehmen. Aus dem restlichen Blätterteig Streifen schneiden, mit Eigelb bestreichen und mit dem Käse und Kümmel bestreuen. Bei 200 °C ca. 15 Minuten backen.
In der Zwischenzeit den Weinkäse in Würfel schneiden und mit den abgetropften Rumfrüchten mischen.
Für die Sauce Zimt, Puderzucker und Eigelb schaumig rühren. Im Wasserbad zur Eimasse langsam unter ständigem Schlagen die Rumflüssigkeit geben und erhitzen, bis die Masse cremig stockt.
Den Weinkäse mit Rumfrüchten in die Blätterteigförmchen füllen, die Rumschaum-Creme auf Desserttellern anrichten und die Rumfrüchtetortelettes daneben setzen. Dazu die Blätterteigstreifen reichen.

Camembert mit Beerenkompott *(Abb. S. 211)*

300 g gemischte TK-Beeren
100 g Zucker
1/2 Vanilleschote
2 TL Stärkepulver
250 g Camembert (4 Hälften)
2 EL Mehl
2 Eier
60 g Semmelbrösel
Fett zum Ausbacken
4 Zweige Zitronenmelisse zum Garnieren

Die Beeren antauen lassen. 1/8 l Wasser mit dem Zucker und der aufgeschnittenen Vanilleschote aufkochen. Die Beeren einstreuen, einmal aufwallen lassen, mit dem angerührten Stärkepulver binden und abkühlen lassen. Die Käsehälften zuerst in Mehl, dann in verquirlten Eiern und zuletzt in Semmelbröseln wenden. Jedes Käsestück nochmals mit Ei und Bröseln panieren. In einer Friteuse in heißem Fett bei ca. 180 °C in 2 Minuten goldbraun backen.
Die Zitronenmelisse waschen, trockenschütteln und die Blättchen von den Stielen zupfen. Den heißen Camembert mit kühlem Beerenkompott und Zitronenmelisseblättchen anrichten. Dazu schmeckt knuspriges Baguette.

Bergkäse in Weinteig ausgebacken

▷

150 g Mehl
150 ml Weißwein
20 g Butterschmalz
1/2 TL Salz
400 g Bergkäse
Butterschmalz zum Ausbacken
1 Glas Sauerkirschkompott
2 ml Kirschlikör
1/2 TL gemahlener Zimt

Mehl, Wein, flüssiges Butterschmalz und Salz in einer kleinen Schüssel mit dem Schneebesen glatt rühren. Ca. 30 Minuten ruhen lassen. Vom Bergkäse ca. 1 x 1 cm starke Stücke abschneiden, in den Ausbackteig tauchen und im heißen Butterschmalz ausbacken. Auf Küchenpapier das Fett abziehen lassen.
Die Sauerkirschen mit Kirschlikör und Zimt aromatisieren. Den Käse zum Sauerkirschkompott servieren.

Hüttenkäse auf Erdnusskrokant

1 Grapefruit
6 Mandarinen
4 cl Orangenlikör
100 g Zwieback
100 g Erdnusskerne
100 g brauner Zucker
100 g weiche Butter
200 g Hüttenkäse
3 EL Crème double
1 TL Zucker
1 Msp. Nelken, gemahlen
1 Msp. Kardamom
Minze zum Garnieren

Die Grapefruit mit einem scharfen Messer schälen, dabei die weiße Haut entfernen. Die Filets herausschneiden. Die Mandarinen schälen und von den Spalten die Haut abziehen. Grapefruit- und Mandarinenfilets in 2 cl Orangenlikör ca. 20 Minuten marinieren.
In der Zwischenzeit den Zwieback grob zerkleinern und die Erdnusskerne grob hacken. Beides mit dem Zucker und der Butter mischen. Die Masse ca. 2 cm dick in eine flache, feuerfeste Form streichen und im vorgeheizten Ofen bei 180 °C auf der zweiten Einschubleiste von unten ca. 10 Minuten backen.
Den Hüttenkäse mit dem restlichen Orangenlikör und der Crème double glatt rühren. Mit Zucker, gemahlenen Nelken und Kardamom abschmecken.
Den Erdnusskrokant aus dem Backofen nehmen und auskühlen lassen. Die Käsecreme auf den Krokant streichen, mit den marinierten Früchten und der Minze garnieren und servieren.

Glasierte Apfelscheiben mit Edelpilzkäse ▷

4 mittelgroße Äpfel (z. B. Elstar)
50 g Butter
2 EL Honig
1 Prise Koriander
Pfeffer aus der Mühle
150 g Edelpilzkäse
50 g halbierte Walnusskerne
einige Blätter Feldsalat oder Rauke

Die Äpfel waschen, das Kerngehäuse entfernen und das Obst längs in Scheiben schneiden. Die Butter in einer Pfanne zerlassen, Honig und Koriander dazugeben, verrühren und erhitzen. Die Apfelscheiben nebeneinander in die Pfanne legen und bei mittlerer Hitze ca. 5 Minuten dünsten. Mit wenig Pfeffer bestreuen. Auf Portionsteller dekorieren und pro Person einige Käsescheiben dazugeben.
Mit Walnüssen und Feldsalat bzw. Rauke dekorieren.

Äpfel „Surprise"

2 rotbackige, säuerliche Äpfel
40 g Butter
200 g runder Camembert, mild
60 g Pinienkerne
100 ml Portwein
50 g Sultaninen
Pfeffer aus der Mühle
Muskatnuss, gerieben
einige Blättchen glatte Petersilie oder Zitronenmelisse

Die Äpfel waschen, trockentupfen, halbieren und das Kerngehäuse entfernen. Das Obst in je vier Scheiben schneiden.
Die Butter in einer Pfanne zerlassen, die Apfelscheiben darin von beiden Seiten weich dünsten und anschließend vollständig abkühlen lassen.
Den Camembert in acht Scheiben schneiden. Die Pinienkerne in der Pfanne rösten, den Portwein angießen, die Sultaninen zufügen und unter Rühren etwas einkochen lassen. Mit Pfeffer und Muskatnuss abschmecken. Petersilie bzw. Zitronenmelisse waschen, trockenschütteln, fein hacken und unter die Sauce mischen.
Die Apfelscheiben mit je einer Scheibe Camembert belegen und die lauwarme Sauce darüber verteilen.
Dazu Blätterteiggebäck reichen.

Apfelküchle auf Rotwein-Schaum im Emmentaler-Knusperteig

▷

Für die Apfelküchle:
3 Äpfel (z. B. Jonagold, Gloster)
Saft von 1 Zitrone
Mehl
200 g Schlagsahne
1 Ei
Salz
100 g Mehl
80 g Emmentaler, fein gerieben
1 Eiweiß
Butterschmalz zum Ausbacken
4 EL Zucker
1/2 TL gemahlenen Nelken

Für die Rotwein-Schaumcreme:
4 Eigelb
4 EL Vanillezucker
1/4 l kräftiger Rotwein (z. B. Spätburgunder)

Die Äpfel schälen, halbieren, das Kerngehäuse entfernen und das Obst quer in Scheiben schneiden. Mit Zitronensaft beträufeln und in Mehl wenden. Mehl, das nicht fest haftet, abklopfen.
Sahne, Ei, Salz, Mehl und Emmentaler mit dem Schneebesen verrühren. Den Teig eine Stunde quellen lassen. Das Eiweiß steif schlagen und unter den Teig heben. Die Apfelscheiben einzeln in den Teig tauchen und in heißem Butterschmalz goldgelb ausbacken. Den Zucker mit den Nelken vermischen und die Apfelküchle darin wenden
In einer Rührschüssel das Eigelb mit dem Vanillezucker schaumig rühren. Im heißen Wasserbad unter ständigem Schlagen mit dem Schneebesen den Rotwein zufügen. Rühren, bis die Weincreme anzieht und cremig wird. Das Wasserbad darf keinesfalls zum Kochen kommen. Die Rotwein-Schaumcreme auf vier Teller gießen und darauf die Apfelküchle servieren.

Pfirsich-Überraschung

2 Pfirsiche
2 EL Orangenmarmelade
4 EL Schlagsahne
1 Eigelb
2 TL Zitronensaft
1 Msp. Ingwerpulver
100 g Sahne-Schmelzkäse
Salz, Pfeffer
Paprikapulver, edelsüß
4 Zitronenscheiben

Die Pfirsiche waschen, halbieren, die Kerne entfernen und das Obst mit Orangenmarmelade füllen. Sahne, Eigelb, Zitronensaft, Ingwerpulver und Käse miteinander verrühren. Mit Salz und Pfeffer abschmecken.
Das Gemisch auf die Pfirsichhälften spritzen, mit Paprikapulver bestäuben und mit je einer Zitronenscheibe garnieren

Gratinierte Aprikosen mit Käsefüllung ▷

8 Aprikosen
3 EL Puderzucker
2 cl Kirschwasser
150 g Blauschimmelkäse
3 EL Schlagsahne
einige Blättchen Melisse

Den Backofen auf 200 °C vorheizen. Die Aprikosen waschen, halbieren und die Steine entfernen. Die halben Früchte mit der Schnittfläche nach oben auf ein Backblech setzen, mit Puderzucker bestäuben und mit dem Kirschwasser benetzen. Die Aprikosen ca. 15 Minuten bräunen und dann aus dem Ofen nehmen. In der Zwischenzeit den Käse mit der Sahne schaumig rühren und mit einem Teelöffel in die halbierten Aprikosen füllen. Die Melisseblättchen waschen, trockenschütteln und von den Stielen zupfen. Aprikosen damit garnieren.

Überbackene Bananen

4 mittelgroße Bananen
Honig
etwas Rum
Zitronensaft
3 EL gehackte Mandeln
Weizenkleie
2 Ecken Sahne-Schmelzkäse

Die Bananen schälen und auf Alufolie legen. Honig, Rum und Zitronensaft sowie einen Teil der Mandeln und der Kleie darüber geben.
Den Käse in kleine Stückchen schneiden und auf den Bananen verteilen. Darüber restliche Mandeln und Weizenkleie streuen. Die Ränder der Folie hochdrücken und zusammenrollen.
Bei mittlerer Hitze ca. 30 Minuten im Ofen backen.

Tiramisu

2 EL Zucker
1½ dl starker Kaffee
1 EL Kaffeelikör
100 g Löffelbiskuits
1 EL Schokoladenpulver

Für die Creme:
4 Eigelb
100 g Zucker
300 g Mascarpone

Den Zucker im Kaffee auflösen. Erkalten lassen und den Likör zufügen.
Das Eigelb mit dem Zucker zu einer sämigen Creme schlagen, Mascarpone zufügen und gut mischen.
Die Löffelbiskuits mit dem Kaffee tränken und lagenweise mit der Creme in eine Schüssel geben. Mit Creme abschließen. Im Kühlschrank 6 Stunden ziehen lassen.
Vor dem Servieren mit Schokoladenpulver bestreuen.

Birnen-Leerdammer en croûte

▷

6 Scheiben TK-Blätterteig
50 g Leerdammer am Stück
1/2 TL Curry, mild
2 EL Ingwersaft
4 feste Birnen (Conference Birnen)
1 Ei

Für die Fruchtsauce:
100 g Brombeeren
1 EL Puderzucker
etwas Zitronensaft

Den Ofen auf 225 °C vorheizen. Den Blätterteig ausgebreitet in ca. 5 Minuten auftauen lassen. Den Leerdammer würfeln und mit dem Currypulver und etwas Ingwersaft vermengen. Die Birnen schälen, den Stiel daran lassen. Das Obst halbieren und das Kerngehäuse großzügig entfernen. Die Aushöhlung mit Leerdammer füllen und einen Teelöffel Ingwersaft hineintröpfeln. Von den Hälften wieder eine Birne formen. Diese auf eine Scheibe Blätterteig legen und den Blätterteig um die Birnen schlagen, sodass der Stiel herausragt. Aus den übrigen zwei Scheiben Blätterteig 12 Streifen schneiden. Mit einem kleinen Messer dünne Linien in die Streifen ziehen. Die Birnen und die Streifen mit verquirltem Ei bestreichen. Auf jede Birne drei Teigstreifen legen.
Die Birnen in eine gefettete Aluminumschale legen und auf der mittleren Einschubleiste ca. 30 Minuten goldbraun backen.
Für die Fruchtsauce das Obst mit dem Puderzucker pürieren und mit einigen Tropfen Zitronensaft abschmecken.
Die Sauce zu den Birnen reichen.

Exotische Mascarponecreme

3 Eigelb
3 EL Zucker
4 EL Kaffeelikör
250 g Mascarpone
100 g Butterkekse
100 g Kaffeebohnen mit Schokoladenüberzug

Das Eigelb und den Zucker mit dem Handrührgerät zu einer dicken, hellen Creme schlagen. Wenn der Zucker aufgelöst ist, Kaffeelikör und Mascarpone unterrühren.
Eine Schüssel mit der Hälfte der Butterkekse auslegen. Die Hälfte der Creme darauf verteilen und mit den restlichen Butterkeksen belegen. Die übrige Creme darauf verteilen und mit den Kaffeebohnen dekorieren.
Das Ganze ca. 1 Stunde ziehen lassen, sodass die Butterkekse noch knusprig sind.

Butterkäse-Grießsoufflé mit Pflaumen ▷

Für das Soufflè:
1/8 l Milch
Salz
20 g Zucker
50 g Hartweizengrieß
4 Eier
10 g weiche Butter
80 g Butterkäse, fein gerieben

Für die Pflaumen:
1 Glas Rotwein
Zitronensaft
1 Zimtstange
2 Nelken
2 EL Zucker
400 g Pflaumen

Milch, eine Prise Salz und Zucker langsam zum Kochen bringen. Den Grieß einstreuen und unter Rühren aufkochen lassen. Vom Herd nehmen. Die Eier trennen. Das Eigelb mit der Butter unter die Grießmasse heben. Das Eiweiß steif schlagen und mit dem Butterkäse ebenfalls unter die Grießmasse heben. Das Ganze in gefettete und gezuckerte, feuerfeste Förmchen füllen und im Backofen bei 180 °C im Wasserbad 20 Minuten garen.
Wein mit Zitronensaft, Zimtstange, Nelken und Zucker erhitzen, die Pflaumen hinzufügen und darin erkalten lassen.
Die Grießsoufflès mit den beschwipsten Pflaumen servieren.

Mascarponecreme mit Rhabarber

300 g Mascarpone
5 EL Sherry
125 g Schlagsahne
500 g Rhabarber
100 g Zucker
1/2 TL Zimt
2 Nektarinen
Zitronenmelisse zum Garnieren

Mascarpone und Sherry glatt rühren. Die Sahne steif schlagen, unter die Mascarponecreme ziehen und das Ganze 1 Stunde in den Kühlschrank stellen. In der Zwischezeit den Rhabarber putzen, waschen, evtl. abziehen und in kleine Stücke schneiden. Die Stückchen in 100 ml Wasser zum Kochen bringen und ca. 7 Minuten kochen lassen. Das Kompott mit Zucker und Zimt abschmecken und erkalten lassen. Die Nektarinen kurz in siedendes Wasser geben, abschrecken und die Haut abziehen. Die Früchte halbieren, Kerne entfernen und das Obst in schmale Spalten schneiden. Die Mascarponecreme in einen Spritzbeutel mit großer Sterntülle füllen und auf den Rand von vier Desserttellern einen Mascarponecreme-Ring spritzen. In die Mitte das Rhabarberkompott geben und die Nektarinenspalten darauf verteilen. Die Zitronenmelisse waschen, trockenschütteln, die Blättchen von den Stielen zupfen und das Dessert damit garnieren.

Frischkäsestrudel

▷

(für 6–8 Personen)

Für den Teig:
250 g Mehl
2 Eigelb
Salz
1/8 l warmes Wasser
3 EL Öl

Für die Füllung:
2 Eiweiß
2 Eigelb
60 g Zucker
3 EL Zitronensaft
3 Äpfel
250 g Magerquark
400 g Frischkäse
60 g Rosinen
Mehl zum Ausrollen
Fett zum Einstreichen

Mehl, ein Eigelb, eine Prise Salz, Wasser und Öl zu einem Teig verkneten und dabei den Teig mehrmals auf den Tisch werfen, damit die Luftblasen entweichen. Den Teig zu einer Kugel formen und 30 Minuten an einem warmen Ort zugedeckt ruhen lassen.
In der Zwischenzeit für die Füllung das Eiweiß steif schlagen. Das Eigelb mit Zucker und Zitronensaft aufschlagen. Die Äpfel schälen, das Kerngehäuse entfernen und das Obst klein schneiden. Quark, Frischkäse und Äpfel zusammenrühren und den Eischnee unterheben.
Den Teig auf einem bemehlten Geschirrtuch ausrollen und vorsichtig auseinander ziehen, bis er ganz dünn ist. Die Füllung auf dem Teig verteilen, mit Rosinen bestreuen und aufrollen.
Den Strudel auf ein gefettetes Backblech legen, mit dem verquirlten Eigelb bestreichen und ca. 30 Minuten bei 225 °C backen.

Zitronenkuchen

125 g Butter
125 g Zucker
4 Eigelb
200 g Sahne-Schmelzkäse
2 EL Grieß
1 TL Backpulver
1/2 Vanilleschote
Saft und Schale von einer unbehandelten Zitrone
4 Eiweiß
15 Mandeln
Butter für die Form

Butter und Zucker gut verrühren, Eigelb und Schmelzkäse hinzufügen.
Grieß, Backpulver, Vanille, Zitronensaft und abgeriebene Zitronenschale in die Masse einrühren.
Das Eiweiß steif schlagen und vorsichtig unterheben.
Die Mandeln mit heißem Wasser überbrühen, abziehen und grob hacken. Den Teig in eine gut gefettete Springform geben, die Mandeln darüber streuen.
Den Kuchen bei 180 °C ca. 50 Minuten backen, in der Form abkühlen lassen.
Der fertige Kuche muss cremig-feucht und saftig sein.

Käsesahnetorte

▷

(ergibt 10 Stück in einer Form mit 24 cm Durchmesser)

Für den Biskuitteig:
3 große Eier
2 EL heißes Wasser
70 g Zucker
1 Päckchen Vanillinzucker
Saft von 1/2 Zitrone
75 g Mehl
1/2 gestrichener TL Backpulver
Backpapier

Für die Füllung:
250 g Sahne-Frischkäse
400 g Schlagsahne
125 g Himbeeren
5 Blatt Gelatine
3 EL Zucker
250 g Waldfrüchte (z. B. Walderdbeeeren, Heidelbeeren, Brombeeren, Himbeeren)

einige Melisseblätter

Für den Biskuitboden die Eier trennen. Das Eigelb mit dem heißen Wasser schaumig rühren. Zucker und Vanillinzucker löffelweise unterschlagen und so lange rühren, bis die Masse fast weiß ist. Einen Teelöffel Zitronensaft zugeben. Das Eiweiß sehr steif schlagen und vorsichtig unterheben. Das Mehl mit dem Backpulver sieben und unter die Schaummasse heben.
Eine Springform mit 24 cm Durchmesser mit Backpapier auslegen, den Teig hineinfüllen und ca. 7 Minuten bei 200 °C backen. 10 Minuten abkühlen lassen, aus der Form stürzen und das Backpapier abziehen. Den vollständig erkalteten Bisquitboden in eine hohe Form geben.
Für die Füllung den Frischkäse mit etwas Sahne, dem restlichen Zitronensaft und den pürierten Himbeeren in einer großen Schüssel cremig rühren. Die Gelatine in kaltem Wasser einweichen. Die restliche Sahne steif schlagen und zuckern. Die Gelatine ausdrücken, in etwas Wasser vorsichtig erwärmen, bis sie sich auflöst, zu der Frischkäsecreme geben und gut verrühren. Die Sahne zugeben und unter die Masse heben.
Anschließend sofort in die Form füllen. Gut durchkühlen lassen, die Form vorsichtig abziehen und die Torte mit den gewaschenen und verlesenen Waldfrüchten belegen.
Mit einigen Melisseblättchen garnieren.

Käsekuchen „Summertime“

▷

(ergibt 16 Stücke)

Für den Boden:
100 g Vollkornbutterkekse
60 g geschmolzene Butter

Für die Füllung:
1 Glas Sauerkirschen
(370 g Abtropfgewicht)
500 g Ricotta
4 Eigelb
Saft von einer Zitrone
50 g Zucker
100 g Schlagsahne
1 Päckchen Vanillepudding
4 Eiweiß
Salz

Für den Belag:
50 g Butter
50 g Zucker
100 g Schlagsahne
100 g Sonnenblumenkerne

Die Vollkornkekse mit dem Schneidestab des Handrührgerätes zerkleinern und mit der Butter verkneten. Auf den Boden einer Springform mit 24 cm Durchmesser gleichmäßig verteilen.
Für die Füllung die Sauerkirschen in einem Sieb abtropfen lassen. Den Ricotta mit dem Eigelb, dem Zitronensaft, dem Zucker, der Sahne und dem Vanillepuddingpulver schaumig schlagen.
Das Eiweiß mit einer Prise Salz zu steifem Schnee schlagen und vorsichtig unter die Käsemasse ziehen. Die Sauerkirschen darunter heben.
Für den Belag die Butter schmelzen, den Zucker darin auflösen, aber nicht bräunen. Die Sahne angießen und aufkochen. Die Sonnenblumenkerne hinzufügen und das Ganze abkühlen lassen.
Die Käsefüllung auf den Tortenboden geben und darauf die Sonnenblumenkernmischung streichen.
Den Kuchen im Backofen auf der mittleren Einschubleiste bei 170 °C ca. 60 Minuten backen.

Apfel-Ricotta-Creme mit Calvados

1 kg säuerliche Äpfel
Saft von 1/2 Zitrone
250 g Zucker
6 EL Calvados
200 g Ricotta
Zitronenmelisseblättchen zum Dekorieren

Die Äpfel schälen, vierteln, das Kerngehäuse entfernen und das Obst in Spalten schneiden. Acht Spalten mit etwas Zitronensaft beträufeln und zum Garnieren beiseite stellen. Die restlichen Apfelspalten mit dem Zucker und dem übrigen Zitronensaft in 100 ml Wasser ca. 10 Minuten weich kochen. Die Äpfel mit dem Schneebesen gründlich durchschlagen, den Topf vom Herd nehmen, Calvados und Ricotta unterrühren und die Masse abkühlen lassen. Die Apfel-Ricotta-Creme in Dessertschälchen geben, mit den beiseite gestellten Apfelspalten und Zitronenmelisseblättchen garniert servieren.

Käse-Nudelteig-Bonbons mit Marzipan

▷

Für den Käse-Nudelteig:
100 g Mehl
1 Ei
1 TL Speiseöl
1 Msp. Salz
80 g Gouda, fein gerieben

Für die Füllung:
12 frische oder eingeweckte Pflaumen
100 g Marzipan
1 cl Zwetschgenwasser

Zum Garen:
1 l Milch
1 Vanilleschote
4 EL Zucker

Für die Sauce:
500 g Mirabellen (Glas oder Dose)
3 EL Zucker
4 cl Zwetschgenwasser

Mohn zum Bestreuen
2 Zweige Zitronenmelisse zum Garnieren

Aus Mehl, Ei, Öl und Salz einen Nudelteig kneten und dünn ausrollen. Die Teigbahn in zwei rechteckige Platten teilen. Eine Platte mit der Hälfte des Goudas bestreuen, die andere darauf legen. Beide noch einmal dünn ausrollen, damit sie fest verbunden sind. Die rechteckige Teigplatte in der Mitte teilen. Mit dem Rest des Käses den Vorgang wiederholen.
Für die Füllung die Pflaumen entsteinen. Das Marzipan mit dem Zwetschgenwasser verrühren, haselnussgroße Portionen formen und in die Pflaumen füllen.
Den Teig in ca. 10 x 12 cm große Rechtecke schneiden. Jeweils eine Pflaume einwickeln und als Bonbon zudrehen.
Zum Garen die Milch mit der aufgeschnittenen Vanilleschote und dem Zucker erhitzen. Die Bonbons darin ca. 7 Minuten ziehen lassen.
Für die Sauce die Mirabellen entsteinen und mit dem Zucker und dem Zwetschgenwasser pürieren. Aus der Sauce auf flache Teller einen Spiegel gießen.
Die Bonbons mit Mohn bestreuen und auf der Sauce anrichten. Die Zitronenmelisse waschen, trockenschütteln, die Blättchen von den Stielen zupfen und die Bonbons damit garnieren.

Lebkuchen-Camembert mit Quittenmus ▷

800 g Quitten
150 g Zucker
1 Stange Zimt
Schale von einer unbehandelten Zitrone
200 g Schlagsahne
50 g Crème fraîche
400 g Lebkuchen
8 Scheiben Camembert (ca. 250 g)

Die Quitten waschen, schälen und das Kerngehäuse entfernen. Das Fruchtfleisch fein würfeln.
1/4 l Wasser mit dem Zucker, der Zimtstange und der Zitronenschale zum Kochen bringen. Die Quittenstücke darin weich dünsten und die Flüssigkeit weitgehend verdunsten lassen, dann pürieren. Das Quittenmus abkühlen lassen. Die Sahne steif schlagen und mit der Crème fraîche unter das Quittenmus heben.
Den Lebkuchen in acht gleiche Teile schneiden, mit je zwei Scheiben Käse belegen und unter dem Backofengrill überbacken. Je zwei Lebkuchenscheiben auf einem Teller mit etwas Quittenmus anrichten.

Gorgonzola-Obst-Salat

1 Apfel
1 Birne
2 Scheiben Ananas (frisch oder aus der Dose)
150 g Erdbeeren
150 g Himbeeren
200 g blaue Trauben
2 Pfirsiche
170 g Zucker
3 EL Limonensaft
4 cl Maraschino
150 g Gorgonzola
Minze zum Garnieren

Den Apfel und die Birne waschen, vierteln, die Kerngehäuse entfernen und das Obst in Würfel schneiden.
Die Ananasscheiben in Stücke schneiden und in einem Sieb abtropfen lassen.
Die Erdbeeren putzen, waschen und abtropfen lassen.
Die Himbeeren waschen.
Die Trauben waschen, abtropfen lassen, halbieren und die Kerne entfernen.
Die Pfirsiche kurz blanchieren, abschrecken, die Haut abziehen, halbieren, den Stein entfernen und die Früchte würfeln. Alle Obstsorten in einer Schüssel mischen.
Den Zucker in einem Topf bei mittlerer Hitze unter Rühren karamelisieren. Mit 6 EL Wasser ablöschen und unter Rühren aufkochen lassen. Den Sirup erkalten lassen. Anschließend den Limonensaft und den Maraschino unterrühren. Den Käse würfeln und unter das Obst mischen. Die Sauce unterheben und den Obstsalat auf vier Dessertschälchen verteilen.
Die Minze waschen, trockenschütteln, die Blättchen von den Stielen zupfen und den Obstsalat damit garnieren.

Rezeptregister

Bildnachweis

Für die freundliche Überlassung des Bildmaterials danken wir den folgenden Firmen (in alphabetischer Reihenfolge):

BAARS/unisono, für die Seiten 17, 27, 55, 79, 143, 147, 183, 223

Butaris, für die Seiten 141, 215

Gabriele Fiedler PR, Hamburg, und dort im einzelnen:
CMA-Butterschmalz, für die Seiten 95, 209
Milchwerke Geislingen, für die Seite 91
SURIG Essig-Essenz, für die Seite 77

GCI Ringpress, Frankfurt am Main, und dort im einzelnen:
Henri Hutin, für die Seiten 23, 151
Hochland, für die Seiten 25, 29, 41, 43, 47, 61, 71, 75, 99, 103, 127, 133, 155, 157, 163, 167, 173, 175, 177, 187, 189, 195, 199, 205, 227

Herbert Wirths PR, Fischach, und dort im einzelnen:
Bad Heilbrunner, für die Seite 67
Rotkäppchen, für die Seiten 69, 85, 229
Zottarella, für die Seiten 65, 131, 179, 181

Ketchum Public Relations, München, und dort im einzelnen:
ADAM, für die Seite 217
CMA/Deutscher Käse, für die Seiten 9, 10, 11, 12, 13, 14, 15, 45, 49, 51, 73, 81, 87, 101, 113, 121, 149, 159, 161, 165, 169, 171, 187, 191, 197, 211, 213, 219, 221, 225, 233, 235
Thomy, für die Seite 53
USA-Sonnenblumenkerne, für die Seiten 109, 129, 231

neuform-Kochstudio, Mainz, für die Seiten 31, 33, 63, 89, 93, 97, 105, 107, 115, 123, 125, 135, 139, 201, 207

Peter Kölln, Köllnflockenwerke, für die Seiten 83, 119, 137, 193, 203

Union Deutsche Lebensmittelwerke GmbH, Hamburg, und dort im einzelnen:
Bresso, für die Seiten 21, 57, 59, 153
Flora Brotaufstriche, für die Seite 19
Lätta, für die Seiten 35, 39, 145, 185
Milkana, für die Seite 37
Sanella, für die Seite 117

Bilder auf der Umschlagrückseite:
oben links: GCI Ringpress, Frankfurt am Main, Hochland;
oben rechts: Ketchum Public Relations, München, Aurora;
unten links: neuform-Kochstudio, Mainz
unten rechts: Ketchum Public Relations, München, USA Sonnenblumenkerne